기자
어떻게
되었을까
?

꿈을 이룬 사람들의 생생한 직업 이야기 10편
기자 어떻게 되었을까?

2판 1쇄 찍음 2019년 9월 9일
2판 3쇄 펴냄 2022년 4월 15일

펴낸곳	㈜캠퍼스멘토
저자	조재형
책임 편집	이동준 · 북커북
진행 · 윤문	북커북
연구 · 기획	오승훈 · 이사라 · 박민아 · 국희진 · 김이삭 · ㈜모야컴퍼니
디자인	㈜엔투디
마케팅	윤영재 · 이동준 · 임소영
교육운영	문태준 · 이동훈 · 박홍수 · 조용근
관리	김동욱 · 지재우 · 임철규 · 최영혜 · 이석기 · 신숙진 · 김지수
발행인	안광배

주소	서울시 서초구 강남대로 557 (잠원동, 성한빌딩) 9층 ㈜캠퍼스멘토
출판등록	제 2012-000207
구입문의	(02) 333-5966
팩스	(02) 3785-0901
홈페이지	http://www.campusmentor.org

ISBN 978-89-97826-30-8 (43330)

현직
기자들을
통해 알아보는
리얼 직업
이야기

기자
어떻게

How did they become journalists?

되었을까?

CampusMentor
캠퍼스멘토

" 도움을 주신 기자들을 소개합니다 "

변상욱 기자
- 현) CBS 본사 콘텐츠본부장
- 부산CBS 총무국장/부산CBS 본부장
- 뉴스 앵커
- CBS 입사
- 고려대학교 사회학/철학 전공

고석승 기자
- 현) JTBC 정치부 회의팀 기자
- 2017 JTBC 정치부(국회팀, 청와대팀) 기자
- 2015 JTBC 사회부(경찰팀, 밀착카메라팀) 기자
- 2014 중앙일보 사회부문(경찰팀) 기자
- 2011 JTBC 입사
- 경북대 정치외교학/경제통상학 전공

이석무 기자
- 현) 이데일리 레저문화부 스포츠팀 기자
- 마이데일리 마이데일리 스포츠팀 팀장
- 중앙일보 조인스닷컴 이직
- imbc 입사
- 독어독문학과 졸업

김선영 기자

- 현) 음악·공연예술지 월간 객석 기자
- 여성월간지 Queen 취재 기자
- 건국대학교 커뮤니케이션학과 졸업

금준경 기자

- 현) 미디어오늘 미디어팀 기자
- 오마이뉴스 시민기자 활동
- 중앙일보 대학생칼럼 멘토
- 건국대 커뮤니케이션대학원 석사과정 중
- 건국대학교 커뮤니케이션학과 졸업
- '저널리즘의 미래' 출간(공동저자)
- '뉴스가 말하지 않는 것들' 출간(공동저자)

양낙규 기자

- 현) 아시아경제 군사전문기자
- 국방대학교 국방관리대학원 안보정책 석사
- 행정학과 입학

이 책의 구성

도움을 주신 분들을 소개합니다 … 004

chapter 1

기자, 어떻게 되었을까?

▶ 기자란 … 012

▶ 기자의 구분 … 013

▶ 기자의 하는 일 … 014

▶ 기자의 자격 요건 … 016

▶ 기자가 되는 과정 … 022

▶ 기자의 좋은 점·힘든 점 … 030

▶ 기자와 관련된 전공 … 036

▶ 기자 종사 현황 … 037

Chapter 2

▶ 미리보는 기자들의 커리어패스 … 038

기자의 생생 경험담

▶ 변상욱 CBS 콘텐츠본부장 … 042

● 답을 찾아 끊임없이 질문하다

● 소외된 이들의 삶과 함께했던 시간

● '우리'로 나아가는 세상 만들기

▶ 고석승 JTBC 기자 … 058

● 세상을 향한 관심과 경험

● 어디를 가더라도 배우는 기자

● 보도의 조건, '정확성'

▶ 이석무 이데일리 스포츠기자 … 076

● 스스로 부족하다 느꼈던 어린 시절

● 생생하게 전달하는 승부의 세계

● 언제나 젊은 감각의 기사를 쓸 수 있기를

▶ 김선영 월간객석 기자 … 90

● 나만의 이야기를 글로 적던 아이

● 프로정신을 잊지 않기 위한 매일의 노력

● 빛나는 재능과 좋은 공연을 전하는 일

▶ 금준경 미디어오늘 기자 … 108

● 글을 쓰고 책을 읽던 학창 시절

● 바른 언론인을 동경하다

● 치열하게 고민하며 나아가는 삶

▶ 양낙규 아시아경제 군사전문기자 … 126

● 전국을 돌아다니는 기자를 꿈꾸다

● 유일한 분단국가에서 꼭 필요한 소식

● 비판자에서 보듬어주는 이로

▶ 기자에게 직접 묻는다 … 145

Chapter 3

예비 기자 아카데미

▶ 우리나라 미디어 교육의 질을 높이기 위한 키워드

‑ 미디어 리터러시 ···154

▶ 기자를 지망하는 학생들에게 추천하고 싶은 책 ···166

▶ 기자를 지망하는 학생들에게 추천하고 싶은 영화/드라마 ···170

▶ 기자 지망생들에게 도움 되는 경험 ···178

▶ 생생 인터뷰 후기 ···180

CHAPTER

|1|

기자,

어떻게
되었을까
?

기자란?

기자는

우리 주변에서 일어나는 각종 사건·사고, 스포츠·정치·문화
소식, 생활정보, 그리고 세계 각국에서 일어나는 일 등을
기사화해 대중에게 신속하게 제공하는 사람이다.

기자가 활동하는 영역은 굉장히 넓다. 실생활에서 벌어지는 작은 사건부터 국가적, 세계적 뉴스거리를

다루기 때문이다. 또한 미디어 환경이 빠르게 변화하면서 글쓰기, 말솜씨 외에 사진, 영상, 그래픽 디자인,

코딩 등 다양한 능력이 요구되고 있다.

• 출처: 워크넷, 신직업·창직 찾기

기자의 구분

기자는 매체 성격·취재 분야·담당 업무에 따라 크게 세 가지 기준으로 구분할 수 있습니다.

· 여러 가지 기자의 구분
- 매체 성격에 따른 구분으로 신문기자, 방송기자, 잡지기자, 인터넷기자 등이 있습니다.
- 정치부, 사회부, 문화부, 스포츠부 기자 등은 취재 분야에 따른 구분법입니다.
- 담당 업무에 따라 취재기자, 편집기자, 사진기자, 영상기자 등으로 나뉩니다.
- 예를 들어 올림픽을 취재하는 방송국 소속 기자는 크게 방송기자이자 스포츠부 소속 취재기자에 해당합니다.

· 방송기자, 신문기자
 방송기자와 신문기자는 정치부, 사회부, 경제부, 국제부, 문화부, 스포츠부 등에 소속되어 사건 사고, 뉴스 등을 취재하고, 관련 인물을 인터뷰해 기사화하는 일을 합니다. 따라서 경찰서나 각 정부부처 등에 출입하며 기자회견에 참여하기도 하고, 독자가 제보한 내용을 기사로 쓰기도 하며, 기사가 될 만한 것을 직접 찾아내 심층취재를 하기도 합니다. 보통 취재기자와 편집기자로 나뉘는데 이 같은 일은 취재기자가 맡습니다. 편집기자는 취재기자가 보내온 기사 내용을 점검해 방송 또는 신문에 싣기 적합하게 편집합니다. 한 기사를 방송뉴스와 신문지면에 얼마나 할당할지를 정하고 기사 내용을 다듬는 작업을 하죠.

· 잡지기자
 잡지기자는 시사잡지, 영화잡지 등 특정 분야를 주로 다루는 잡지사에 소속돼 아이템을 기획해 취재하고 인터뷰를 나서기도 해요. 규모가 있는 잡지의 경우 취재기자, 사진기자, 편집기자 등이 별도로 있으나 소규모 잡지는 소수의 기자가 이러한 업무를 모두 담당하기도 합니다. 기자 세계에서 의학전문기자, 스포츠전문기자 등 특정 분야의 전문가로 활동하는 추세도 늘고 있습니다. 독자들의 수준이 높아지면서 전문기자에 대한 수요가 늘었기 때문이죠.

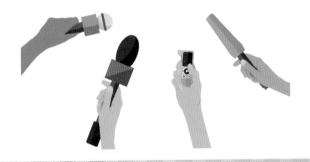

기자가 하는 일

　기자는 범죄·화재 및 교통사고 등 각종 사건·사고현장, 운동경기, 박람회 및 전시회 등 국민의 관심을 불러일으킬 수 있는 정치, 경제, 사회, 문화 등의 각 분야에 대한 정보를 수집합니다. 취재 아이템을 발제하고 취재관리자에게 보고하죠. 취재하라는 지시가 떨어지면 관련 현장을 찾아가 사건의 진행 과정 및 결과 등을 취재합니다. 수집한 자료와 취재내용을 분석 및 정리하고 기사를 작성해 부서 데스크나 편집부로 전송합니다. 한 분야만을 전문적으로 취재하기도 하며, 외국에 파견돼 취재하기도 합니다. 방송에 직접 출연해 녹화·녹음하거나 현장에서 생방송으로 상황을 중계하기도 하죠.

· 취재기자

　취재기자는 사건사고 현장을 취재하거나 관련 인물 인터뷰, 정부부처 브리핑, 기자회견 내용 등을 기사화합니다.

· 편집기자

　편집기자는 취재기자가 보낸 기사를 방송분량이나 신문지면에 싣기 적합하게 다듬는 작업을 합니다. 이때 오탈자를 수정하는 작업도 함께 진행됩니다.

· 잡지기자

　잡지기자의 경우 취재기자가 기사가 실릴 지면 전체 레이아웃을 짜기도 합니다.

· 사진기자

　사진기자는 취재 내용과 관련된 보도사진, 인터뷰 사신을 촬영하며 현장감을 효과적으로 보여줄 수 있는 포토스토리를 구성하기도 합니다.

· 영상기자

　영상기자는 영상취재기자, 영상편집기자로 구분되며 명칭 그대로 취재 내용과 관련된 영상을 촬영하고 편집해 완성본으로 만드는 일을 합니다. 온라인 저널리즘이 확산되면서 촬영과 편집을 동시에 수행하는 영상기자도 늘고 있습니다.

· 출처: 워크넷 한국직업사전

기자의 자격 요건

기자로 활동하는 사람들은 어떤 모습을 가졌을까?

· 글쓰기 능력

  기자는 독자가 이해하기 쉽고, 편견 없는 기사를 쓸 수 있는 글쓰기 능력이 필요하다.

· 분석 능력

  사회현상을 정확히 이해하고 객관적으로 분석할 수 있는 능력이 병행돼야 한다.

· 튼튼한 체력

  생활이 불규칙하기 때문에 체력 관리를 잘해야 한다.

· 질문하는 습관

  '왜?' '어째서?'라는 질문을 끊임없이 할 수 있어야 한다.

· 의사소통 능력

  적극적인 사고방식과 정의감, 공정성 등이 요구되며, 다양한 계층의 사람들과 효과적으로 의사교환을 할 수 있어야 한다.

· 기술 습득 능력

  최근에는 빠르게 변하는 디지털 환경에 맞출 수 있는 기술 습득력과 관심이 요구된다.

· 출처: 한국직업능력개발원 직업 사전

기자와 관련된 특성

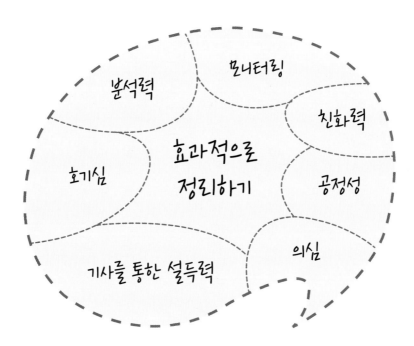

분석력
모니터링
친화력
효과적으로 정리하기
호기심
공정성
기사를 통한 설득력
의심

사람과 세상을 알고 싶은 마음은 책임감이 됩니다.

역시 인간과 사회에 대한 관심, 그리고 책임감이 핵심이라고 생각합니다. 사람에 대한 관심과 애정이 중요하죠. 기사에 어떤 메시지를 담고 나면 그 결과에 대한 책임을 져야 하는데, 사람과 세상을 알고 싶은 마음이 기자의 책임감을 만들어줍니다.

그리고 단편적인 생각보다 깊은 사고가 중요한데 기초가 되는 논리와 분석력을 키우려면 공부가 필요하죠. 그리고 승부욕을 불러일으키는 근성, 업무나 외압 등에서 오는 스트레스를 이겨내는 내성, 글쓰기 같은 기술력도 중요합니다.

취재력과 공감 능력을 가져야 합니다.

기자들은 멀티플레이어가 돼야 한다고 생각해요. 그 누구도 시대가 어떻게 변화할지 모르기 때문에 다양한 역량을 쌓는 것이 현실적인 선택이 될 것입니다. 물론 기자로서 취재력과 공감 능력은 기본이 돼야 합니다. 여기에 영상 구성, 편집, 제작 같은 기술력과 트렌드를 읽어내는 통찰력을 함께 갖출 수 있다면 더욱 좋겠죠.

순발력이 가장 중요합니다.

스포츠 기사는 순발력이 가장 중요합니다. 경기가 펼쳐지는 상황에 대한 판단이 빨라야 해요. 이 상황에 담긴 의미를 빨리 캐치할 수 있어야만 독창적인 기사가 나올 수 있습니다. 또한 스포츠에 대한 애정이 기본적으로 있으면 가장 좋겠죠. 하지만 팬과 기자가 다른 점은 객관성입니다. 팬은 자기가 좋아하는 팀과 선수를 맹목적으로 응원할 수 있지만 기자는 항상 균형을 가져야 해요. 때로는 독자들이 불편해하더라도 균형적인 시각을 유지해야 설득력 있는 기사가 나올 수 있습니다.

목격자이자 관찰자가 되어야 해요.

상식과 호기심을 갖는 것이 중요합니다. 많은 선배들이 '일간지 읽기'를 강조해요. 일간지를 읽지 않으면 세상이 어떻게 돌아가는지 모르고, 현상에 대한 자신의 관점이 없는 사람은 기자로서 사실을 구분할 수도 없고 쓸 수도 없습니다. 기자는 어떤 현상의 목격자이자 관찰자에요. 기록으로 남길 만한 사건은 모두의 눈앞에서 저절로 일어나지 않죠. 끊임없이 의문을 가지고 보고, 듣고, 느낀 점을 종합해 느낌표를 남기는 것이 기자의 역할이라고 생각합니다.

톡(Talk)!
금준경

공감할 수 있는 능력이 필요해요.

　기자에게 필요한 자질은 공감 능력이라고 생각해요. '신문읽기의 혁명' 이라는 책에선 보수 언론이 만든 '관훈클럽'에서도 언론의 가장 중요한 자질이 '억강부약'이라고 합니다. 언론은 사회 문제를 개선하기 위해 존재하고, 목소리를 내기 힘든 약자를 위해 복무해야한다는 거죠. 그런 관점에서 우리 언론에게 필요한 게 억강부약이고, 공감 능력 또한 뒷받침 돼야 한다고 생각해요.

톡(Talk)!
양낙규

재차 확인할 수 있는 끈기를 가져야 합니다.

　끈기라고 생각합니다. 어떤 사실을 감정이나 색깔을 씌우지 않고 있는 그대로 보기 위해서는 여러 번의 취재와 확인이 필요합니다. 이것은 결코 쉬운 일이 아닙니다. 질문을 여러 번 되풀이하고 여러 사람들을 만나 재차 확인해야 하죠. 하지만 이 과정을 거치지 못한다면 사실을 전달해야 할 기자의 본분을 지키지 못합니다.

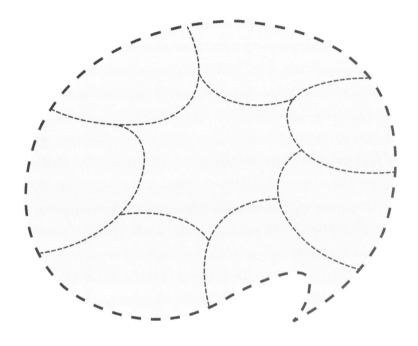

기자가 되는 과정

**2차
필기시험**
(시사상식,
논술, 작문)

**1차
서류 심사**
(이력서, 자기소개서,
포트폴리오 등)

채용 공고

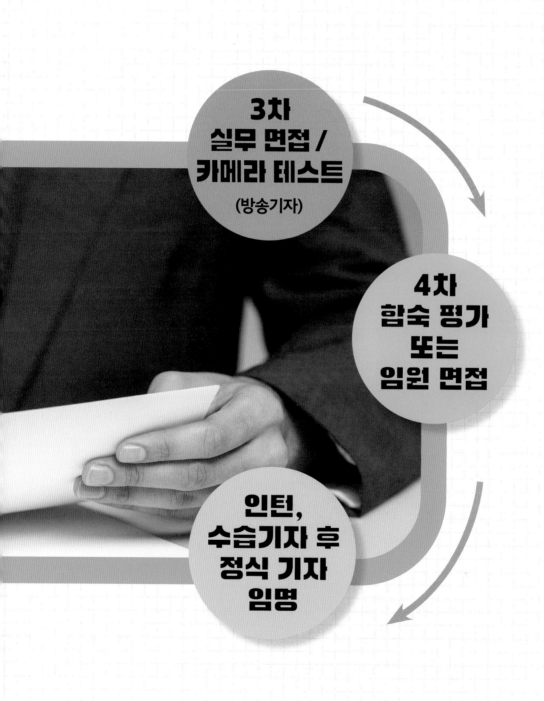

서류 심사

■ 학벌 타파 움직임에 따라 출신 학교를 기입하지 않거나 고졸 채용이 이뤄지는 곳도 있지만, 대규모 신문사·방송사 기자 합격자들을 보면 아직까지 4년제 대학 졸업자들이 많다.

■ 이력서는 기본 인적 사항과 학내·대외활동 경험, 공인영어시험 성적 등을 기입하며, 자기소개서는 지원 동기와 직무 경험, 각오, 자신의 장단점 등을 적는다.

■ 단순히 경험을 나열한 이력서보다 대학생 기자 등 관련 경험 결과물을 포트폴리오로 만들어 첨부하는 방법도 좋다.

Q. 기자는 입사시험을 어떻게 보나요? - 양낙규

신입은 기본적으로 이력서나 자기소개서 같은 기본 서류를 공채기간에 제출해야 하고 외국어 실력을 평가할 수 있는 시험 성적 등을 제출해야 합니다. 그리고 언론고시라고 표현하는 신문사별 자체 시험을 보지요. 경력기자의 경우에는 평판 조회라고 해서 성격이나 실력, 과거 기사 등을 통해 깊이 있게 알아보고 결정이 나겠지요. 그리고 임원면접을 통과하면 입사가 결정됩니다.

필기시험

■ 시사상식 시험은 주로 입사전형이 진행되는 해나 전년도에 많이 언급된 시사용어, 인문학 용어, 사회 이론, 신조어 등을 묻는다. 간단한 약술형으로 답하는 것이 보통이다.

■ 논술/작문 시험은 형태가 다양하다. 논술은 국내외 가리지 않고 시사 이슈나 미디어 트렌드에 대한 상황이 제시된다. 문제 자체는 대입 논술과 유사하지만 보다 기승전결이 뚜렷하고 원인 분석, 결과 및 대안 제시 등 통찰력이 드러나는 답안을 요구한다.

■ 작문은 보통 키워드를 제시하고 자유롭게 글을 쓰도록 하는데, 예를 들면 '촛불 집회', '지하철 9호선', '인공지능' 등 시사 키워드부터 영화 제목, 감성적 키워드까지 다양하다.

■ 언론사 입사 스터디를 할 때 시사상식 따로, 논술/작문을 따로 공부하는 경향이 많은데 논술/작문을 집중적으로 준비할수록 시사상식 공부도 자연스럽게 할 수 있으니 논작문에 집중하는 편이 좋다.

■ 언론사마다 필기시험 스타일이 굉장히 다채로우니 기출문제 토대로 소재나 문단 구성 등을 파악한 뒤 예상 문제를 설정해 꾸준히 작성해는 것이 중요하다.

Q. 글쓰기 연습은 어떻게 해야 하나요? – 이석무

기자는 일단 분야를 가리지 않고 문장을 완벽하게 쓸 수 있어야 합니다. 맞춤법이 틀린다거나 글의 문맥이 맞지 않는다거나 하면 곤란하겠죠. 가장 좋은 방법은 결국 많이 써보는 일입니다. 수없이 쓰고 고치고 또 써보다 보면 결국 기사는 수학 공식과도 같다는 생각이 들어요. 시나 소설 같은 문학과 달리 뚜렷한 틀과 형식이 있는 텍스트인 만큼 연습을 거듭하면 좋은 결과가 있을 수 있습니다. 예를 들어 매주 시사 주제를 정해 작문 연습을 하고 체계적으로 정리하는 과정을 100번 정도 쌓는다면 언론사 필기 통과는 어렵지 않을 것 같습니다.

3 카메라 테스트

- 방송기자와 아나운서를 대상으로 한다. 방송기자 카메라테스트는 주로 1차 면접과 함께 진행되며 1회로 끝나는 편이다. (아나운서는 대개 2~3차로 진행)
- 준비된 원고를 연습한 뒤 10명 미만 참가자가 동시에 입장해 차례대로 원고를 읽는다.
- 원고를 다 읽은 후 추가질문이 들어오는 경우가 많다. 심사위원들은 발음, 발성, 표정, 인상, 안정감 등을 체크한다.
- 카메라테스트를 통해 면접관들은 뉴스 리포팅 실력과 사실관계 파악, 용모, 순발력 등의 자질을 평가한다.

Q. 정오 뉴스를 진행하기도 하셨는데, 방송기자와 앵커, 아나운서의 차이점은 무엇일까요? - 고석승

역할의 차이입니다. 먼저 방송기자는 자신이 쓴 기사를 방송이라는 매체를 통해 전달하는 사람입니다. 앵커는 각 분야의 기사를 시청자에게 소개하고 때로는 해석을 덧붙이죠. 기자나 출연자와 대담을 나누기도 합니다. 아나운서는 다양한 방송 장르의 진행을 담당합니다. 아나운서와 방송기자 중 일부는 앵커가 되어 뉴스 진행을 맡습니다. 방송기자와 아나운서 모두가 앵커가 될 수 있는 것이죠.

실무면접 및 임원면접

■ 실무면접은 취재와 관련된 다양한 상황을 묻는 질문을 던진다. 예를 들면 어느 부서를 희망하고 이유는 무엇인지, 한국 사회에서 가장 심각한 문제는 무엇인지, 어떤 사건이 사회에 미치는 영향은 무엇인지와 같은 것들이다. 신문사, 방송사 구분 없이 동일한 편이다. 다만 신문기자 채용 시 실무면접 단계에서 면접 대신 기사 기획안 작성, 르포 취재 등 실무 평가에 집중하는 언론사도 많다.

■ 방송기자는 카메라테스트와 실무면접이 함께 진행되는 편이기 때문에 카메라테스트 원고가 실무면접, 역량면접에서 활용되는 경우도 있다. 방송기자도 방송 뉴스 원고 작성, 뉴스 기획안 작성 등 실무면접에서 실무 평가가 진행되는 곳도 있다.

■ 임원면접은 실무에 대한 평가를 마친 뒤 진행되는 면접이기 때문에 지원자의 성향을 파악하려는 질문 위주로 진행된다. 이력서, 자기소개서 내용을 꼼꼼하게 되짚어보는 것이 중요하다.

■ 면접 합격자를 대상으로 인성검사나 신체검사를 진행하기도 한다.

> Q. 기자가 되려면 어떤 준비를 하는 게 좋을까요? - 변상욱
>
> 중고등학생 시절뿐만 아니라 대학에서까지 몸에 익혀 훈련할 수 있는 방법은 역시 책 읽기입니다. 하지만 시간적으로 역부족이겠죠? 교과 진도 따라가기도 바쁘고, 수능도 봐야 하고, 대학교 입학하면 학점관리도 해야 하니 지적인 능력과 글쓰기 능력, 이야기를 구성해내는 능력을 모두 익히기는 어려울 겁니다.
>
> 그래서 팁을 소개하면 다양한 분야의 좋은 책을 여러 권 골라 '머리말, 목차, 결론만 읽는 것'입니다. 이런 방법으로 많은 책의 내용을 간추릴 수 있고, 목차를 읽으며 논리적 전개도 훈련할 수 있습니다. 표현력과 어휘력은 덤으로 따라오죠. 꼭 읽어야겠다고 생각한 책 외에 많은 책을 섭렵하려면 이 방법이 가장 효율적이라고 생각해요.

인턴/수습기자

■ 과거는 인턴기자라는 개념이 일반적이지 않았지만 최근 언론사들은 3개월에서 6개월 정도 인턴 기간을 둔다. 인턴제를 시행하지 않는 회사는 비슷한 기간 동안 '수습기자'로서 신입 기자들을 가르치고 평가한다.

■ 인턴제를 활용하는 방식도 언론사마다 달라서 정식 기자 채용 전 점검 단계로 인턴을 채용하기도 하지만 정규직 전환 없는 인턴제를 운영하는 곳도 있다.

■ 인턴 및 수습 기간에 다양한 부서를 순환하며 기자로서 기본 소양을 쌓는다. 여러 현장을 경험하면서 본인에게 맞는 취재 영역을 파악하고 문제 해결 능력을 비롯한 업무 능력을 평가받는다. 이 기간이 끝나면 각 부서 데스크(부서장)와 편집국장, 임원진의 최종 평가를 거쳐 정식 기자로 채용된다.

Q. 기획은 더욱 어려울 것 같아요. 어떻게 하면 잘할 수 있을까요? - 김선영

기획이라고 하니까 거창해 보이는데요. 기획의 생활화가 중요한 것 같아요. 일상에서 쉽게 한 수 기획을 예로 들어볼게요. 여자 친구 생일에 어떻게 하면 이 친구를 기쁘게 해줄 수 있을까 준비하는 거죠. 선물을 살까, 맛있는 식사를 할까, 좋은 곳을 가볼까 하는 고민. 이게 기획의 시작이에요. 좀 더 구체적으로는 밥을 먹고 남산타워로 갈지 아니면 남산타워에서 야경을 보며 밥 먹을까 순서를 정하는 것도 기획이에요. 이 기획의 목표는 그녀를 기쁘게 하는 것이고, 그 목표를 위해 어떤 수단과 방법을 선택하고 어떻게 배치할 것인가 결정하는 거죠. 우리는 인지를 못할 뿐 이미 수많은 기획을 하고 있어요.

6 기타 채용 트렌드

■ 합숙면접이나 술자리 면접, 압박 면접 등 언론사마다 면접 방식이 세분화돼있다.

■ SBS의 SJT처럼 인적성 검사를 진행하는 곳도 있다.

■ 언론사 취업 커뮤니티 등을 통해 매체별 해당연도 모집요강을 꼼꼼히 파악해야 한다.

김선영 기자 톡 (Talk)!

변상욱 기자 톡 (Talk)!

Q. 기억에 남는 면접자가 있나요? - 변상욱

전통적인 기자 시험은 국어, 영어, 시사상식, 짧은 작문과 논술이었습니다. 지금은 스마트폰을 활용한 영상 촬영과 편집, 팀 토론 배틀 등 언론사에 따라 다양해졌기 때문에 언론사를 지망하는 학생들끼리 그룹을 만들어 훈련과 연습을 합니다. 입사시험을 주관하는 입장에서 보면 지적인 능력도 보지만 훈련을 시킬 경우 얼마나 성장할 것인가 하는 가능성, 그리고 함께 팀을 이뤄 일할 때 보여 줄 장점이나 단점을 염두에 둡니다. 결국 소통하고 화합하는 능력, 적극성과 유연성을 보여 줄 필요가 있어요.

그런 점에서 1차 필기시험 때 다리를 다쳐 깁스에 목발을 짚고 시험을 치러 온 지망생이 기억나요. 꽤 큰 부상인데도 환하게 웃으며 시험에 임했고 2차, 3차 시험에 임할 때마다 먼저 다리를 절며 감독관이나 채점관으로 만난 직원들을 찾아와 부상이 어느 정도 낫고 있는지도 이야기하고 안부도 물어주는 활달함을 보였습니다. 채점관으로 나선 고위 간부나 중간 간부, 선배들이 만장일치로 동료로 함께 하고 싶다는 의견을 내 최종 합격했습니다.

기자의 좋은 점·힘든 점

톡(Talk)!
변상욱

| 좋은 점 |

세상에 대한 통찰력을 기를 수 있습니다.

좋은 점은 역시 현장과 현장의 주인공을 만날 수 있다는 점입니다. 그리고 여러 의견을 동시에 살필 수 있으며 정책이 만들어지고, 시행되고, 성공하고, 실패하는 과정을 지켜볼 수 있죠. 이 과정에서 세상에 대한 통찰력이 길러져서 좋습니다.

톡(Talk)!
고석승

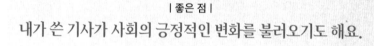

| 좋은 점 |

내가 쓴 기사가 사회의 긍정적인 변화를 불러오기도 해요.

제 기사로 인해 사회가 작게나마 좋은 방향으로 바뀌는 걸 경험할 때 굉장히 뿌듯합니다. 예를 들어 보도블록 관리가 잘못돼 어린이들이 다칠 수 있으니 시정해야 한다는 기사를 보도해서 문제가 수정된다면, 좋은 사회로 나아가는 데 내가 벽돌 한 장을 올렸다는 보람을 느끼죠.

| 좋은 점 |
생생한 현장에서 스포츠를 즐겨요.

스포츠 기자는 역시 승부의 세계를 생생한 현장에서 즐길 수 있다는 장점이 있습니다. 남들은 보고 싶어도 보기 힘든 스포츠 현장에 출입하고 경험을 할 수 있다는 것이 행운이라는 생각도 들어요.

| 좋은 점 |
새로 만나는 사람을 통해 긍정적 영향을 받아요.

기자 일을 하면 새로운 관계가 많이 생겨나요. 사람을 만나는 직업이기 때문이죠. 그들을 취재하고 인터뷰하면서 다양한 가치관, 인생을 사는 관점을 배우며 살아가는 데 긍정적인 영향을 많이 받아요. 제가 일을 하면서 느끼는 큰 감사함이자 매력인 것 같습니다.

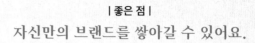

톡(Talk)!
금준경

| 좋은 점 |
자신만의 브랜드를 쌓아갈 수 있어요.

첫 번째는 자부심입니다. 두 번째는 '내 일을 할 수 있다'는 점이에요. 기자는 사회를 위한 일한다는 당위성도 있지만 한편으로 자신을 위한 일을 하는 사람들이에요. 모든 콘텐츠가 본인의 이름을 달고 있으니 브랜드가 될 수 있습니다. 독자들에게 "이 기사가 가장 정리가 잘 됐다"는 평가를 받으면 정말 좋죠.

톡(Talk)!
양낙규

| 좋은 점 |
많은 사람을 만나고 알아갈 수 있어 좋아요.

사람들을 많이 만난다는 점입니다. 저는 다양한 사람들을 만나고 상대방에 대해 알아 가는 것을 좋아하기 때문에 저에게는 정말 큰 장점이지요. 그분들을 통해서 많은 인생의 모습들을 배우고 멋진 친구들도 만나게 된답니다.

톡(Talk)!
변상욱

| 힘든 점 |
자기계발 시간이 부족하기도 해요.

　　힘든 점은 아무래도 근무가 불규칙하다는 점이죠. 안정된 삶과는 거리가 있습니다. 여유 시간을 내기 어려워 자기 계발에 소홀해질 수 있다는 게 아쉬워요.

톡(Talk)!
고석승

| 힘든 점 |
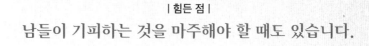
남들이 기피하는 것을 마주해야 할 때도 있습니다.

　　주 52시간 제도가 도입되며 좀 나아지긴 했지만 기자는 다른 직업에 비해 출퇴근이 불규칙해서 시간 관리가 힘든 직업입니다. 건강이 상할 때도 많죠. 또 남들이 가지 않는 곳을 가고, 만나기 싫은 사람, 듣기 싫은 이야기도 취재해야 하는 직업이라는 데서 오는 스트레스도 있어요. 상대적으로 박봉인 언론사가 많다는 점도 참고해야 합니다.

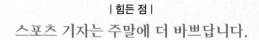

톡(Talk)!
이석무

| 힘든 점 |
스포츠 기자는 주말에 더 바쁘답니다.

주변 분들이 '넌 공짜로 스포츠 경기를 볼 수 있어서 좋겠다'고 말하곤 해요. 그럴 때면 저는 '기사 쓰면서 보면 지옥'이라고 대답합니다. 일정이 불규칙하고 주말에 더 바쁜 분야다 보니 '저녁이 있는 삶', '주말이 있는 삶'을 누리기란 사실상 불가능하죠. 게다가 요즘은 우리나라도 유럽축구나 메이저리그 같은 해외스포츠에도 관심이 상당하다 보니 불가피하게 수면 부족에 시달리는 경우도 종종 있습니다.

톡(Talk)!
김선영

| 힘든 점 |
책임감과 소명의식이 없으면 힘들 수 있어요.

세상의 사건과 현상, 인물의 시작 등 세상사의 원석을 가장 처음 접하는 게 매력인 만큼 책임감과 겸손함, 소명의식 없이는 흔들리기도 쉬워요. 또 다른 어려움은 밤샘작업, 야근, 철야 등으로 체력 소모가 많고 정서적인 스트레스를 많이 받는다는 거죠. 많은 기자들이 꼽는 어려움일 겁니다.

톡(Talk)!
금준경

| 힘든 점 |
늘 고민해야 하는 직업입니다.

항상 고민해야 한다는 점이에요. 기자가 되고 나니 취재보다 아이템 발제하는 게 더 힘들더라고요. 발제를 위해 기본적인 취재를 해야 하니까 평상시에도 압박이 느껴집니다. 이 주제로 기사를 쓰는 게 맞는 판단인지, 미래를 전망할 때 내 예측이 맞을지 등등 제가 쓰는 한 마디의 무게가 무척이나 큰 것도 부담이죠.

톡(Talk)!
양낙규

| 힘든 점 |
자기만의 시간을 가지기 어려워요.

내 생활이 많이 없다는 점이지요. 가족들과 시간을 보내기도 많이 어렵고요. 특히나 신입 기자 때는 힘든 생활의 연속이기 때문에 많이 힘들었어요. 간절한 꿈을 이룬다고 해서 마냥 행복한 삶만이 펼쳐질 것이라고 생각할 때가 있는데, 사실 아니에요. 무엇이든 힘든 점은 존재하지만 내가 정말 좋아하는 일이기에 버틸 수 있는 거라고 생각합니다.

기자와 관련된 전공

기자는 전통적으로 인문·사회계열 전공자가 적합하다는 인식이 지배적이다. 말과 글로 사회 현상을 풀어내는 직업이기 때문이다. 하지만 최근에는 보다 전문성 있는 뉴스가 중요시되고 공학적 지식이 요구되기 때문에 이과 계열 전공자들도 많이 진출하고 있다.

· 관련 학과

신문방송학과, 언론홍보학과, 커뮤니케이션학과, 미디어커뮤니케이션학과, 사회학과, 정치외교학과, 행정학과, 경제학과, 국어국문학과, 문예창작학과 등

금준경 기자 톡 (Talk)!

Q. 신문방송학과나 언론정보학과가 아니면 불리한가요?

기자가 되기 위해 언론전공에 입학할 필요는 없는 것 같아요. 이제까지 기자에게 원했던 건 제너럴리스트였습니다. 여러 분야를 어느 정도 아는 사람들을 원했죠. 지금은 전문성이 더 중요해졌어요. 문과 계열을 전공한 사람들이 모여있는 것 보다, 다양한 전공자들이 더 차별성을 빛낼 수 있는 환경이 됐죠.

비 언론계 전공을 갖게 되면 기자가 되기 어려울 것이란 걱정을 할 수 있는데 그런 생각은 하지 않았으면 좋겠습니다. 이공계든 예술계든 인문학이든 가고 싶은 학과에 가서 그곳에서 쌓은 전문성을 무기로 가질 수 있으니까요. 도전해보세요!

기자 종사 현황

성별

여자 27.1%

남자 72.9%

평균 연령

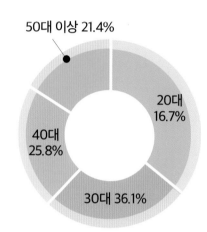

50대 이상 21.4%

20대 16.7%

40대 25.8%

30대 36.1%

학력 분포

고졸이하	5.0 %
전문대졸	1.3 %
대졸	80.7 %
대학원졸	13.1 %

임금 수준 (단위: 만 원)

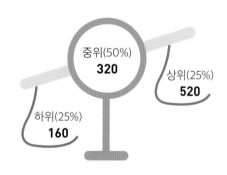

중위(50%) **320**

상위(25%) **520**

하위(25%) **160**

· 출처: 워크넷

CHAPTER

| 2 |

기자의

생생
경험담

미리 보는 기자들의 커리어 패스

변상욱   고려대학교 사회학/철학 전공 > CBS 입사 > 차장·팀장·부장 승진

고석승   경북대학교 정치외교학 /경제통상학 전공 > JTBC 입사 > 중앙일보 사회부문 기자

김선영   건국대학교 커뮤니케이션학과 졸업 > 여성월간지 Queen 취재 기자

이석무   독어독문학과 졸업 > imbc 입사 > 중앙일보 조인스닷컴 이직

금준경   건국대학교 커뮤니케이션학과 졸업 > 오마이뉴스 시민기자 활동 등 미디어 관련 대외활동 및 공모전 참여

양낙규   영어영문학과 졸업 > 기자 업무 시작 > 아시아경제 이직

뉴스 앵커 > 부산CBS 총무국장/ 부산CBS 본부장 > 현) CBS 본사 콘텐츠본부장

JTBC 사회부 기자 > JTBC 정치부 (청와대 출입) 기자 > 현) JTBC 정치부 회의팀 기자

현) 음악·공연예술지 월간 객석 기자

마이데일리 스포츠팀 팀장 > 현) 이데일리 레저문화부 스포츠팀 기자

건국대 커뮤니케이션대학원 진학 (현재 휴학) > 현) 미디어오늘 미디어팀 기자

국방대학교 국방관리대학원 안보정책 석사 > 현) 아시아경제 군사전문기자

상상력이 풍부하고 종잡을 수 없던 어린 시절 변상욱 기자는 '왜?'라는 질문을 항상 달고 다녔다. 대학생이 되자 민주화운동이 벌어졌다. 학자가 되고 싶었지만 그가 갖고 있던 사람에 대한 호기심을 채울 곳은 언론밖에 없었다.

1983년 CBS에 입사해 노숙자, 빈민, 철거민, 인권운동가 등을 만났다. CBS <김현정의 뉴스쇼>에서 아침마다 <변상욱의 기자수첩>을 진행했다. '전두환으로 시작해 이순자로 끝나는 그따위 땡전뉴스', '항명방송' 등 여러 사건의 주인공이 되기도 했다. 책도 많이 쓰고 권위 있는 상도 받았다. 여기에 그치지 않고 해직기자들이 만든 <뉴스타파>에서 활동하기도 했다.

30년이 훌쩍 넘은 경력이지만 변상욱 기자는 저널리즘을 고민하고 '현장'에서 들리는 후배 기자들의 목소리에 귀 기울이며 함께한다. '백발의 현장 취재기자'를 꿈꾸는 그는 오늘도 다양한 영역에 도전하고 있다.

CBS 콘텐츠본부장

변상욱

- 현) CBS 콘텐츠본부장
- 미디어 본부장(방송총괄)
- 뉴스앵커
- 사건취재반장 / 특별 취재단장 / 시사제작팀장
- CBS 입사
- 고려대학교 사회학/철학 전공

기자의 스케줄

변상욱 기자의 하루

06:00~07:00
▸기상
▸SNS 및 텔레비전 뉴스로 지난밤의 주요 이슈 및 시차가 있는 국가의 경제 동향 모니터링, 의견 분석

07:00~09:00
▸방송 및 온라인 뉴스 준비 상황 체크
▸타 방송사 뉴스 및 SNS와 온라인 상의 뉴스 체크
▸뉴스 제작 방송 후 기자들과 회의 준비

09:00~10:00
▸데스크 회의
10:00~16:00
▸취재 지휘, 행정 지원 처리
▸개인 방송이 있을 경우 자료 수집과 원고 정리

16:00~16:30
▸하루 뉴스방송 및 온라인 뉴스 내용과 타 언론사 내용 비교
▸청취자, 독자의 반응검토
▸다음 날 주요 일정 논의

16:30~18:00
▸오후 회의 내용 기자 전달
▸다음날 주요 일정 미리 점검

18:00~
▸취재 기자들의 복귀를 기다려 회의 또는 격려 저녁 회식 등

답을 찾아
끊임없이
질문하다

▶ 어린 시절 사진

▶ 어린 시절 사진

▶ 친구들과 함께

▶ 중학교 시절

▶ 교회 마이크 앞에서

간단한 자기소개와 현재 어떤 일을 맡고 계신지 소개해주세요.

안녕하세요. 변상욱입니다. 저는 CBS 미디어본부 소속 기자입니다. 보도국, 편성국, TV 쪽을 모두 오가며 활동하고 있습니다. 저희 CBS는 '김현정의 뉴스쇼', '시사자키' 등 기자 개인이 브랜드화돼 있는 프로그램이 많은데, 이런 프로그램의 PD들과 함께 작업하고 있습니다. 35년째 저널리스트로 살아가면서 맡은 책무 외에 몇 권의 책을 쓰기도 하고 뉴스타파에 참여한 대안언론인이기도 합니다.

초등학생 때는 어떤 학생이었나요?

상상력이 풍부하고 종잡을 수 없는 아이였던 것 같아요. 한번은 과학반에 들어갔는데 제가 치밀한 성격이 아니더라고요. 계산을 정확히 하거나 설계를 정확히 하질 못했어요. 성적이 꽤 괜찮은 학생들이 듣던 '자유교양반'이라는 인문학 독서반에서도 마찬가지였어요. 심청전 같은 국내외 고전을 달달 외워야 했는데 뻔한 내용을 자꾸 외우라고 하는 게 적응 안 되더라고요. 책 한 권을 읽더라도 그냥 받아들이고 외우는 건 안 좋아했죠.

오히려 "만약 이랬다면 어떻게 됐을까?"라는 질문을 많이 했어요. 상황을 틀어보거나 원인을 찾는 고민 말이죠. 예를 들면 '심청이 인당수에 안 빠지고 버텼다면?' 같은 질문 말예요. 흥부전도 놀부 입장에서 생각해보니까 수긍이 가는 부분도 있더군요. 제가 가진 감수성이나 궁금증을 속 시원히 해결할 수 있는 길이 없었던 것 같아요. 그게 고등학교 때까지 이어졌어요.

Question 중고등학생 때는 어떤 학생이었나요?

중학생 때도 자유교양반에 들어갔지만 적응을 못했어요. 밴드부에도 들어갔다가 음대 갈 친구들이 준비해야 하니까 쫓겨나기도 했죠. 전 주변에 관심이 많았어요. 그리고 남들보다 뭔가를 민감하게 느끼고 체크하는 면이 엿보였던 것 같습니다.

고등학교 때도 철학, 신학책, 글쓰기에 빠졌어요. 그때는 논술이라는 게 없어서 글쓰기는 고등학생으로서 대학 입시에 하나도 필요 없었지만 글 쓰는 걸 무척이나 좋아했죠. 음악과 미술도 좋아했고, 일반사회와 국민윤리에도 관심이 많았고요. 인간의 본성에 대한 짤막한 철학의 단편을 발견하는 게 좋았습니다.

대부분의 기자들이 학창 시절에 역사를 재밌어했다고 하는데 전 국사에는 흥미가 없었지만 세계사는 좋아했어요. 지금 기자들이 갖고 있는 역사에 대한 관심과 비교해보면 저는 좀 미흡했던 것 같아요. 왜 그랬을까 생각하면 웃기기도 해요. 지금은 역사에 대한 관심이 많은데 당시에는 외워서 보는 시험에 질려서 그랬던 것 같아요.

그리고 사람들에 대한 갈증이 많았어요. 여러 사람을 만나고 싶었는데 수줍음은 많이 타서 다가가고 싶지만 선뜻 나서지 못하기도 했죠. 사람들의 생각이 궁금했거든요. 자기 혼자만의 시간과 사람에 대한 궁금증이 합쳐져서 인문학적인 개성을 가진 기자가 된 거죠.

Question 학창 시절의 성격과 관심 있었던 분야가 무엇인지 궁금해요.

내성적이면서도 사람들에 대한 관심이 많은 친구였죠. 혼자 떨어져 생각하는 시간이 많았지만 사람들 주변을 끊임없이 맴돌기도 했어요. 지금 생각하면 중요한 건 두 성향을 제 안에서 하나로 묶어내는 거라 생각해요. 둘 다 제 성격이고 각기 장점이 있으니까요. 굳이 하나를 택하려고 고민할 필요가 없는데 말이에요.

그래서 중고등학생 시절 본인의 성격이 뚜렷하지 않거나, 한 분야에 몰입하지 못하는 것을 미성숙하다고 부정적으로 생각하지 마세요. 현 사회의 트렌드도 통섭과 융합이잖아요. 성장기에 보이는 여러 특질, 관심을 가능한 고루 경험하고 익히는 것이 필요하다고 생각합니다.

Question 본인의 10대 시절을 토대로 학생들에게 해주고 싶은 조언이 있나요?

지금 가장 후회되는 건 '수학'이에요. "나는 전형적인 문과 체질이야" 하면서 수학을 등한시했었죠. 제 흥미나 노력도 부족했지만 문·이과를 양분하는 우리나라의 경직된 교육 방식도 문제였다고 생각해요.

어쨌든 세상은 IT·우주·산업·공학 등 경제와 기업 위주로 돌아갑니다. 우리나라뿐만 아니라 세계 대부분의 나라가 그렇죠. 기자들에게 수학과 공학적 지식이 요구되는데 그 부분이 부족할 때가 있습니다. 그렇다고 해서 수학·과학에만 집중하라는 말은 아니죠. 분석력을 높이고, 더 나아가 정확한 직관력을 갖추려면 수학적 분석과 추론이 필요합니다. 이과 학생들에게는 글쓰기, 말하기 능력이 필요하죠. 골고루 배워 두면 좋을 것 같아요.

Question 대학 생활을 하면서 중요시 여긴 것은 무엇인가요?

고등학생 때 채우지 못한 지적 호기심에 대한 해답을 찾는 것에 매달려 지냈습니다. 전공은 사회학이었지만 철학 수업을 더 많이 들었고, 소속 대학에 없는 과목을 듣기 위해 이웃 대학 강의실에서 청강도 여러 번 했죠. 학술강좌도 열심히 쫓아다니던 편이었요.

그리고 헌책방도 자주 찾았는데, 주로 시대와 역사에 대한 뚜렷한 관점과 해석이 담긴 잡지들을 찾아 읽었습니다. '씨알의 소리'나 '제 3일' 같은 것들이었죠. 결국 자기가 속한 사회와 사람들의 운명에 대해 뭔가 확실한 답을 찾고 싶어 했고, 다양하게 부딪쳤던 시절로 기억해요.

 **대학 시절, 어떻게 진로를 결정하게 되셨는지 궁금해요.**

그때는 민주화 운동 시기였습니다. 강의도 제대로 안 이뤄질 때였고 언론도 제구실을 못 한다고 생각했죠. 그래서 학교에 남아 학자가 되고 싶었습니다. 사회학과 철학(부전공)을 전공하며 대학원 준비를 하던 어느 날, 죽은 지 몇십, 몇백 년이 된 학자들의 생각을 외우고 공부하는 게 현대에 무슨 의미를 갖겠냐는 생각이 들었어요. 재미가 뚝 떨어졌죠.

대기업 직원도 공무원도 마음에 안 들고, 내가 갖고 있는 사람들에 대한 궁금증, 호기심을 충족시켜줄 영역은 저널리즘밖에 없더라고요. 그래서 제대 후 복학하고 4학년 여름방학, 공부하던 모든 전공 서적을 창고에 넣어버리고 언론사 시험을 준비했습니다.

소외된 이들의
삶과 함께했던
시간

▶ 프레스센터 민주언론 투쟁

▶ 방송 진행

▶ D스튜디오

Question 처음부터 기자가 되고 싶으셨나요?

처음에는 아나운서가 되고 싶었어요. 하지만 아나운서는 현장과 멀리 떨어져 있다고 생각해서 기자직을 알아보기 시작했죠. 마침 법적으로 기자 채용이 제한돼있던 CBS가 시사PD를 뽑았고 입사 후 내부 시험을 통해 기자 업무를 시작했습니다.

PD로서 보도물을 기획하고 취재도 직접 했죠. PD들과 공동으로 기획하고 기자로서 취재한 뒤 리포팅을 완성하면 스튜디오 진행도 PD들과 같이했어요. 지금으로 치면 뉴스PD와 기자가 섞인 '올라운드 플레이어'의 초기 타입이라 할 수 있겠네요.

Question 첫 취재, 혹은 수습 시절 특별히 기억에 남는 일이 있나요?

기자가 어떤 시간을 보냈고 어떤 장소에서 취재했느냐가 그 기자를 말해준다고 합니다. 제가 만난 사람은 노숙자, 빈민, 철거민, 노점상, 농약 중독 농민, 탄압받은 인권운동가, 학자들이었어요. 수습 시절은 아니지만 가장 끔찍했던 기억은 병원 응급실에서 환자가 죽기를 기다리고 있는 저를 발견했을 때였습니다. 그 순간 스스로가 너무 끔찍했고 자괴감까지 들었죠.

철거민을 취재하면서 정치깡패들에게 잡히기도 했어요. 감금당하고 취재한 자료를 빼앗긴 일도 있었죠. 다행히 밤에 재차 잠입해 취재를 무사히 마치긴 했지만요.

세상에 '항명방송'이라고 알려졌던 그 날은 사실 두려웠습니다. 당시 고참 기자도 아니어서 손발이 떨리는 정도가 아니었어요. 허벅지까지 후들거려서 서있기도 힘들었죠. 동료들이 많이 도와준 덕분에 큰 사고 한번 쳤었습니다. 용기라는 건 겁이 날지라도 자신이 가야 할 길이나 신념, 가치를 위해 두려움을 밀어내고 한발 내딛는 것이거든요. 동료들과 회사가 지켜온 가치 덕분에 기자로서 신념을 지킬 수 있었습니다.

Question 본인에게 큰 변화를 안겨다 준
경험이 있다면 들려주세요.

아마도 저널리즘의 세계에 첫발을 내딛으면서 만난 사람들 하나하나가 저를 변화시켰다고 생각해요. 특히 기자 초창기에 상당한 시간을 서민과 소외계층을 취재했습니다. 그중 생각나는 에피소드는 여성노동자 관련 취재를 할 때였는데요.

산돌교회 목사이자 사회적 약자를 위해 평생을 투자한 조화순 목사가 여성노동자들을 위한 노동운동을 펼치던 중이었습니다. 그때 조 목사의 기도 중에 "천지를 만드신 이후로 사람을 부를 때 한 번도 여자와 남자로 구분해 부르지 않으신 하나님"이라는 부분이 있었어요. 저도 그날 제 안에 있던 차별과 우월감, 배타성을 넘어설 수 있었죠.

그렇게 쌓아온 경험들이 제게 엘리트주의나 오만이 아닌 '민중적 성향'을 심어줬습니다. 그게 저를 변화시켰고 차별점을 안겨다 줬죠.

Question 맡은 분야의 기자로서 전문성을 쌓기 위한
노력이 있다면 무엇인가요?

일간신문이나 방송만으로는 전문성을 키우기에 한계가 있어요. 트렌드를 살피기 좋고, 사실관계를 파악하기 용이하지만 분량에서 오는 어쩔 수 없는 한계가 있어서 깊게 들어가지 못하거든요. 그래서 꾸준히 전문지를 보고 있습니다. 다양한 관점에서 서술된 내용들을 보면서 혼자 생각하는 데서 오는 한계를 극복하죠. 전문가들의 블로그도 수시로 참고합니다. 전문지와 전문가 블로그를 즐겨찾기에 등록해놓고 정기적으로 접속해 해당 분야, 주제를 살피는 습관을 들였어요.

생활이 불규칙한 직업인데 시간·건강관리 노하우가 있다면 알려주세요.

일을 미루지 않는 것입니다. 오늘 해낼 수 있는 일이라면 오늘 마치고 쉬자는 거죠. 그렇지 않으면 쉬는 것도 아니고 일하는 것도 아닌 어정쩡한 시간이 많아져요. 그리고 업무 진행 상황을 수시로 체크합니다. 이러면 불필요한 시간 허비를 줄일 수 있고, 필요한 고민만 하려고 해요. 그러기에도 충분히 빠듯한 시간이거든요.

그리고 건강은 틈틈이 운동해서 지킬 수밖에 없죠. 아침과 저녁, 그리고 빈 시간에 스트레칭을 자주하고 계단은 무조건 걸어 올라갑니다. 업무 중이든 일상이든 버스로 서너 정거장 정도 거리면 걸어가려고 노력하고요.

Question 기자라는 직업 외에 당신은 어떤 사람인가요?

종교인이자 무도(武道)인이라고 할 수 있겠네요. 사회학이 전공이고 철학이 부전공이었다고 말했었죠? 다양한 철학 사조 중 기독교와 불교, 유교, 노장사상 등을 두루 접하며 사는 비교종교학을 주로 공부했고 지금도 제 관심사입니다.

또 20년 넘게 검도를 수련했습니다. 공인 4단이라 현역 사범이지요. 검도는 마음껏 나아가고 싶을 때 한 걸음 물러서는 것, 그리고 나아가기 두려울 때 단호히 한 걸음 내딛는 것이라고 생각해요. 그게 제가 검도를 수련하는 이유 중 하나죠. 태극권, 유도 등도 익혔는데 무도인으로서 제 삶도 종교적 구도와 이어집니다.

'우리'로
나아가는
세상
만들기

▶ 잠실 88올림픽경기장에서

▶ 잠실 88올림픽경기장에서

▶ 인터뷰를 하며

Question 매체들의 다양한 시도와 변화 속에서 라디오의 의미는 무엇인가요?

제가 속한 CBS는 1954년에 출범한 국내 최초 민영방송사입니다. 그리고 다양한 변화를 시도했죠. 라디오 전문방송이지만 '노컷뉴스'라는 인터넷 뉴스를 만들고, 지상파 DMB, 스마트미디어 등 영역에 투자했죠. 그렇다고 해서 저희가 가진 라디오의 전문성을 놓은 적은 없습니다.

라디오는 '핵심과 편안함의 매체'로 살아남을 수 있어요. 최근 트렌드 중 하나인 카드뉴스와 비교해볼까요? 카드뉴스를 보려면 어쨌든 시각적 피로도가 생길 수밖에 없죠. 라디오는 청각만으로 사회문제에 대한 핵심을 가장 효과적으로 접할 수 있습니다. 눈을 감고 쉬면서 들을 수 있으니까요.

라디오에서 틀어주는 음악들과 온라인·모바일 음원, 스트리밍의 차별점이 있다면 이야기를 곁들인다는 것이겠죠. 한 곡을 선곡하기까지 사연이 있고 과정이 있고 그 속에 결국 이야기가 들어 있습니다. 그게 라디오만의 강점이겠죠?

Question 기자의 개인 브랜드화에 대해 어떤 생각을 갖고 계신가요?

현장성, 정보의 속도, 정보의 정확성이라는 기자들의 우위성이 많이 사라졌어요. 누구나 스마트폰으로 글, 사진을 올릴 수 있고 기자가 가보지 못한 현장에서 오래 일한 사람들이 훌륭한 필력으로 자신의 이야기를 올릴 수도 있죠. 그들과 비교하면 기자가 가진 정보의 정확성이나 콘텐츠의 깊이가 뒤떨어질 수밖에 없습니다.

그러면 어떤 기자들이 살아남을 수 있을까요? 아직 고민 중이지만 나름대로 검증되고 있는 부분은 첫 번째, '스타 기자'입니다. 기자 스스로가 하나의 브랜드가 되고, 그런 기자들이 많이 확보될 때 그 언론사가 살아남는 시대가 된 거죠. 과거는 언론사 간판이 구독에 영향을 미쳤다면 지금은 "누가 전했대"가 중요해졌으니까요. 대표적인 인물이 jtbc 손석희 사장이겠죠. jtbc는 오랫동안 뉴스를 전달해 온 채널이 아니었지만 '뉴스룸'을 손석희 사장이 진행하고 책임지는 것 하나로 대중에게 통하는 거죠. '시사인' 고재열, 주진우 기자도 예로 들 수 있겠습니다. 이들은 권력과 자본을 철저히 감시하고 비판하는 능력을 가진 기자들입니다. 비슷해 보이지만 '뉴스타파'는 다른 방식을 내세운 스타 기자 브랜드입니다. 그들이 표방하는 '탐사저널리즘'은 객관적인 정보를 다양하고 많이 얻어내 정보의 연관성을 정리하며 메시지에 접근하는 스타일이죠.

또 하나의 경우는 대중적인 말솜씨, 글솜씨를 가진 스타 기자들입니다. 많은 '전문 기자'들이 여기 속할 것 같은데요. 많은 데이터, 정보 수집보다 본인이 가진 전문 지식을 대중들 입맛에 맞게 표현해내는 기자들입니다. '대중적 스타'들이죠. 홍혜걸 의학전문기자나 경향신문 유인경 기자를 꼽을 수 있겠네요. 이분들은 대중에게 친근하게 접근할 뿐 아니라 어려운 내용을 쉽게 전달해주는 게 장점이죠.

이 두 스타 기자 그룹이 기자들의 새 활로를 보여주고 있다고 생각해요. 저 자신을 자평하면 둘 사이에 끼어 있다고 생각하는데, 저는 다른 기자들이 습득한 정보를 분석하고 통찰해내어 쉽게 풀어내는 스타일이기 때문이지요.

Question 디지털 시대에 기자가 브랜드를 만들려면 어떻게 해야 할까요?

미래 기자들의 활로는 세 가지가 있겠는데요. 뛰어난 통찰력을 통해 저널리즘의 본령을 아주 깊게 파고들거나, 대중들이 원하는 탐사·비판 능력을 갖고 있거나, 연예인처럼 저널리즘을 편하게 풀어줄 수 있는 스타 기자가 그것이죠. 세 그룹의 공통점이 하나 있다면 역시 스토리텔링이에요. 취재한 결과물, 방대한 정

보를 얼마나 깔끔하게 정리하고 축약하느냐가 중요하니까요.

현재 기자 초년생이거나 기자를 지망하는 학생이라면 여기에 '디지털'이라는 요소가 추가됩니다. '디지털 스토리텔링'이라고 하죠. 글만 쓰는 게 아니라 사진이나 영상을 찍고 편집하고, 협업하고, 다양한 기술에 접목해 이야기를 풀어나가는 능력이 필요합니다.

또 하나는 콘텐츠 생산뿐만 아니라 유통까지 떠맡아야 합니다. 스타 기자의 또 다른 특징이기도 한데요. 팬층을 묶고, 그들과 소통하며 조언을 듣고, 비판을 받아들여야 합니다. 또 팬들이 정보를 제공하기도 하겠죠. 그 정보를 받아 사실을 확인하고 콘텐츠로 만든 뒤 유통까지 책임질 줄 알아야 합니다. 이런 과정은 기자 개인 SNS와 블로그를 통해 이뤄지겠죠?

디지털 시대에 스타 기자는 첫째는 스토리텔링을 잘하는 능력, 둘째는 자기만의 네트워크나 커뮤니티를 가지고 그 인프라를 콘텐츠에 활용할 수 있는 능력이 필요합니다.

Question 좋은 언론은 어떤 언론인가요?

어느 직장이나 마찬가지겠지만 배울 것이 있는 사람들과 자유로운 분위기에서 자기가 하고 싶은 일을 하는 것이 발전도 빠르고 삶의 질도 높아집니다. 언론은 그런 점에서 사회 곳곳의 현장을 익히고 전문가나 사회 지도급 인물들을 만나 관계를 맺고 배운다는 이점이 있어요. 대신 조직 안에서는 자유롭지 못하고 명령과 지휘에 따라 움직이는 수동적인 면도 강합니다. 결국 좋은 언론이란 대우가 좋거나 큰 언론사이기 전에 자신이 많이 배우고 발전할 수 있는 곳을 의미합니다. 그 언론사에서 배우고 훈련을 받았다고 할 때 다른 언론사나 사회에서 어떤 평가를 하느냐도 고려할 점입니다.

Question 앞으로의 목표가 있으신가요?

　30년 넘는 세월을 기자로 살면서 미디어 환경은 다양하게 변화해왔습니다. 디지털 저널리즘이 열리고 온라인이 기성 저널리즘을 덮어가면서 언론의 위기라는 말을 많이 듣고 있죠. 언론은 생존의 위기와 커다란 변혁을 겪고 있지만 변하지 않아야 하는 저널리즘의 본질과 역할을 항상 고민하고 있습니다. 이제는 언론사에 의한 언론이 아닌 시민에 의한 시민의 언론을 구상해 보려고 합니다.

Question 기자를 꿈꾸는 청소년들에게
한마디 남겨주세요.

　우리 앞에는 복잡하고 어려운 세상이 놓여 있습니다. 헤쳐 나갈 수 있는 방법은 여럿이 흩어지지 않고 '우리'로 뭉치는 길밖에 없습니다. 서로 이해하고 의지하고 믿어야죠. 그런 세상을 만드는 직업이 기자입니다. 여러분의 꿈을 응원합니다.

날마다 조간신문과 TV 메인 뉴스를 보던 초등학생. 주말이 되면 아버지와 함께 500번 좌석버스를 탔다. 목적지는 광화문 교보문고. 책과 사회에 호기심이 많았던 어린 고석승 기자에게는 최고의 놀이터였다. 고등학생이 되고 손석희 앵커의 '시선집중'을 들으며 자연스럽게 뉴스와 사회 현상에 녹아들기 시작했다.

"띠링- 최종 합격을 축하합니다" 2011년 JTBC에서 기자로서 첫발을 내딛었다. JTBC와 중앙일보 사회부를 거친 뒤 1년 반을 '밀착카메라' 담당으로 살았다. 이후 국회에서는 한국 정치의 생생한 현장을, 청와대를 출입할 때는 우리 사회가 어떻게 움직이고, 정책은 어떻게 결정되는지를 체험했다. 비록 몸은 피곤했지만 잊지 못할 출입처였다.

고석승 기자는 요즘 JTBC '정치부 회의'에서 시청자를 만나고 있다. '세상과 사람 사이를 연결하는 고리'가 되고 싶은 그는 오늘도 일상을 소소하게 변화시키는 기자가 되기 위해 한 걸음 한 걸음 나아가고 있다.

JTBC 기자
고석승

- 현) JTBC 정치부 회의팀 기자
- 2017 JTBC 정치부(국회팀, 청와대팀) 기자
- 2015 JTBC 사회부(경찰팀, 밀착카메라팀) 기자
- 2014 중앙일보 사회부문(경찰팀) 기자
- 2011 JTBC 입사
- 경북대 정치외교학/경제통상학 전공

기자의 스케줄

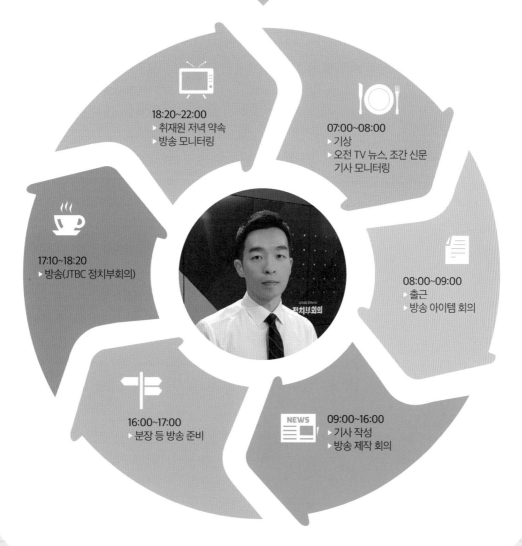

고석승 기자의 하루

18:20~22:00
- 취재원 저녁 약속
- 방송 모니터링

07:00~08:00
- 기상
- 오전 TV 뉴스, 조간 신문 기사 모니터링

17:10~18:20
- 방송(JTBC 정치부회의)

08:00~09:00
- 출근
- 방송 아이템 회의

16:00~17:00
- 분장 등 방송 준비

09:00~16:00
- 기사 작성
- 방송 제작 회의

세상을
향한 관심과
경험

▶ 교환 학생 시절, 오스트리아 여행 중에

▶ 수습기자 시절, 경찰서 기자실에서 잠든 모습

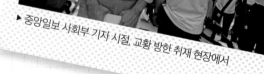
▶ 중앙일보 사회부 기자 시절, 교황 방한 취재 현장에서

간단한 자기소개와 현재 어떤 일을 맡고 계신지 소개해주세요.

JTBC 보도국 '정치부 회의' 팀 고석승입니다. 2011년에 JTBC 사회부 기자로 시작해 중앙일보 사회부를 거쳤습니다. 사회부 때는 경찰, 서울시청 등에 출입했고, JTBC 뉴스룸 '밀착카메라' 담당으로 1년 반을 보냈습니다. 이후 정치부로 옮겨 19대 대통령 선거 즈음 국회 더불어민주당 출입 기자로 근무했고, 청와대도 1년 반 정도 출입했습니다. 지금은 월요일부터 금요일 오후 5시 10분에 방송되는 '정치부 회의'에 고정 출연하고 있습니다.

Question **초·중·고등학생 때는 어떤 학생이었나요?**

사회 현상에 호기심이 많았고 앞에 나서는 것을 좋아했습니다. 이 두 가지가 저를 여기까지 이끈 게 아닐까 싶은데요. 초등학교 저학년 때부터 조간신문이나 TV 메인 뉴스를 꼭 봤어요. 고등학생 때는 당시 MBC에 계셨던 손석희 앵커의 '시선집중'을 날마다 들었습니다. 아침, 저녁으로 뉴스를 접하면서 살아온 거죠. 제가 어릴 때는 신문 기사에 한자가 많아서 모르는 한자가 나오면 아버지께 여쭤보는 날도 많았고요. 여당, 야당이 뭔지 여쭤보기도 했습니다. 뉴스를 보면서 사회 현상에 자연스럽게 관심을 갖게 됐고 사회과학 서적도 많이 읽게 됐죠. 또 학기 초에 반장을 해야만 직성이 풀리는 스타일이었고 친구들과 이야기할 때도 대화를 주도하는 것을 좋아했습니다. 토론도 좋아했죠. 중, 고등학생 때는 교내 방송반 아나운서를 하기도 했어요.

대학생 때의 자신을 돌아본다면요?

　초등학생 때부터 사회에 관심을 갖게 된 덕에 막연하지만 일찍부터 방송과 관련된 직업을 가져야겠다고 생각했습니다. 그 꿈을 이어가면서 자연스레 학문적으로 사회 현상을 해석할 수 있는 정치외교학과를 선택하게 됐어요. 대학생이 되고 사회과학 분야 책을 정말 많이 읽었습니다. 토론대회도 부지런히 참가했고요. 한 군데 머무는 걸 별로 안 좋아하기도 하고, 견문을 넓히고 싶어 해외 탐방 프로그램이나 해외 봉사 활동에 지원하고 교환 학생도 다녀왔어요. 아르바이트를 하면서 국내, 해외 가리지 않고 여행을 많이 다녔죠.

Question **추천하고 싶은 책이 있다면 무엇인가요?**

　돌이켜 보면 고전을 많이 읽지 못한 게 후회돼요. 중, 고등학생 때 고전소설을 어려워하기도 했고, 사회과학 서적만이 제 장래 희망을 이루는 데 필요하다고 생각했습니다. 그런데 동서양을 막론하고 고전을 읽는 것이 사회 현상을 깊이 이해하는 데 더욱 도움이 되더라고요. 그래서 청소년이라면 고전을 더욱 많이 읽으라고 말씀드리고 싶어요. 대학에서 '도스토예프스키와 톨스토이'라는 교양 수업을 수강한 적이 있어요. 그들의 책을 읽고 감상평을 써보는 수업인데 힘들었지만 억지로나마 《전쟁과 평화》 같은 명작을 읽을 수 있었죠. 사회과학 서적은 강준만 교수의 책을 여러 권 읽었습니다. 사회를 다양하고 넓게 이해하는 데 도움이 됐죠.

방송기자를 선택하게 된 계기는 무엇인가요?

초등학교 3~4학년쯤에 뉴스 앵커를 보면서 멋있다고 느꼈습니다. 방송 분야를 꿈꾼 계기 중 하나였죠. 방송기자가 돼야겠다는 생각은 IMF 외환위기를 겪으면서 구체화됐어요. 당시 어렵지 않았던 가정이 없었겠지만, 저희 집도 IMF 외환위기를 전후로 어려움을 겪었어요. 사회 현상을 향하던 호기심이 주변의 소외된 이들, 목소리를 내지 못하는 사람들에게로 이어졌고, 어떻게 하면 그들을 대변할 수 있을까 고민했던 시기였습니다. 그래서 방송에 뛰어든다면 기자가 맞지 않을까 어렴풋하게 생각했었죠.

저는 수능을 두 번 봤어요. 재수를 거치면서 원하던 대학과 학과는 못 가게 됐고, 선택을 해야 했습니다. 기왕 기자를 하고 싶다면 다양한 경험을 해보는 게 좋겠다 싶어서 지방으로 내려갔어요. 소위 말하는 지방대에 입학한 거죠. 사람은 살던 곳에서 만나던 사람만 만나면 시선이 고정될 수밖에 없는데, 기자는 그러면 안 된다는 생각이 들었어요. 기자는 사람에 대한 관심이 필요한 직업이기 때문에 다른 공간, 다른 사람에 대한 직간접적인 경험이 필요했고 결과적으로 저의 선택은 제게 도움이 됐다고 생각합니다.

그리고 우리나라의 뉴스가 서울과 수도권에 너무 집중돼 있다는 생각도 들었습니다. 요즘 서울에서 자라 서울 소재 대학을 졸업하는 언론인이 상당수인데요. 수도권 집중과 무관하지 않다고 생각합니다. 대학생 때, 하루는 저녁 방송 뉴스를 보고 있었는데 첫 기사가 서울 청계천 복개 행사 소식이었어요. '이게 전 국민이 알아야 하는 중요한 문제일까'하는 의문이 들었습니다. 개선해야 한다고 생각했죠. 이런 경험들이 더해져 방송기자라는 꿈을 구체적으로 만들어나갔습니다.

Question 첫 취재, 혹은 수습 시절의 에피소드를 소개해 주세요.

사실 수습기자는 다 힘들어요. 대부분 경찰서에서 먹고 자고 하는데, 형사들에게 '형님'이라고 부르면서 친한 체하는 것도, 경찰서라는 공간에 적응하는 것도 힘든 일이었습니다. 특히 기억에 남는 사건이 하나 있었는데요. 수습기자 기간이 끝날 때쯤 서울 모 지역에서 살인 사건이 발생했어요. 경찰 수사 진행 중에 한 매체를 통해 사건이 단독으로 보도됐죠. 다음날부터 취재 경쟁이 시작됐어요. 저도 선배 기자와 함께 취재를 하게 됐는데, 범인이 피해자와 함께 현장으로 이동하는 장면이 담긴 CCTV를 찾아내기 위해 방송사끼리 경쟁이 붙었어요. 그날 저녁까지 어떤 언론사도 영상을 확보하지 못했는데, 저는 범인 이동 동선이 찍힌 한 CCTV 주인 분께 장장 7시간을 부탁드려서 겨우 영상을 받을 수 있었어요. 그것도 방송 직전에요. 영상을 확인해 봤더니 경찰 발표 내용에는 없었던 추가 공범도 찍혀 있었습니다. 사건 자체가 좋은 일이 아닌 만큼 마냥 기뻐할 일은 아니었지만 나름의 첫 단독 보도여서 기억에 남아요.

장례식 취재는 제일 힘들고 아직도 적응이 안 됩니다. 힘든 걸 넘어서 문제가 있다고 생각하게 된 계기가 있어요. 2013년 여름에 해병대 캠프 참가자 사망 사고가 발생한 뒤로 2014년까지 '마우나리조트 참사', '세월호 참사' 같이 어린이, 청소년 사망 사건이 계속 발생했어요. 대부분의 현장을 취재하면서 불필요한 유가족 취재가 너무 많다고 느꼈습니다. 알 권리의 범위는 여전히 논쟁의 여지가 있지만, 일반인인 피해자와 유가족에게 미이크를 당연하듯 내미는 게 언론으로서 해야 할 일인지 잘 모르겠더라고요. 저부터 조심해야겠다고 거듭 다짐하고 있고, 요즘도 불필요한 유가족 취재가 종종 벌어지는데 이는 지양해야 한다고 생각합니다.

▶ '정치부 회의' 시작 직전

▶ 주말 낮 뉴스 진행

▶ 청와대 출입 기자 시절

어디를
가더라도
배우는
기자

요즘 하루 일과는 어떠신가요?

'정치부 회의'를 전담하고 있어서 기자 생활 중 처음으로 출입처가 없는 삶을 살고 있어요. 청와대에 출입할 때는 늦어도 오전 7시 반에는 출근해야 해서 5시 반에 일어났는데, 지금은 7시 반에 기상합니다. 오전 9시까지 회사에 출근해서 주요 조간신문을 정독하고, '정치부 회의' 진행을 하고 계신 이상복 보도국장, 동료 기자들과 아이템 회의를 진행해요. 아이템이 배분되면 기사를 작성하는데 제가 하루에 쓰는 기사를 분량으로 따지면 13~14분 정도 됩니다. 방송 기사로는 굉장히 긴 편이죠. 기사를 쓰다 보면 하루가 금방 지나가요. 그리고 '정치부 회의' 내용이나 화면 구성 회의를 거친 뒤 오후 4시부터는 본격적인 방송을 준비해요. 오후 5시부터 스튜디오에서 스탠바이하고 6시 20분에 프로그램이 끝나면 저도 퇴근합니다. 퇴근하고 취재원을 만나거나 개인 업무를 보면 집에는 오후 11시쯤 들어가는 것 같아요. 자정에서 새벽 1시쯤 잠들고요.

Question 기자로서 느끼는 정통 보도(뉴스룸)와 뉴스쇼(정치부 회의)의 차이와 매력은 무엇인가요?

제가 알기로 '정치부 회의'의 뉴스 포맷은 JTBC가 가장 먼저 시작했습니다. 그동안 시사평론가, 변호사 같은 외부 패널이 출연하는 시사 보도 프로그램은 있었지만 기자로만 구성된 프로그램은 없었거든요. '정치부 회의' 이후 다른 방송국도 비슷한 프로그램을 만들기 시작했죠. 기자의 역할이 변화하는 과정이라고 생각합니다. 이전까지는 1분 40초짜리 정형화된 리포트가 뉴스의 정통 형식이었는데, '정치부 회의'는 기자가 직접 출연해 객관적 사실에 어긋나지 않는 선에서 기자 자신의 의견을 첨가하기도 합니다. 뉴스룸은 여기에서 한 발 더 들어간 심층 보도가 핵심이고요. 저는 "정치부 회의'로 예습하고 '뉴스룸'으로 복습하면 좋겠다'라는 생각을 종종 하는데, '정치부 회의'가 정통 뉴스를 어렵게 생각하는 분들도 뉴스를 쉽고 편하게 만날 수 있도록 하는 역할을 하고 있다고 생각합니다.

Question 청와대 출입 기자의 삶은 어떤가요?

기자는 어떤 출입처를 가더라도 배우는 게 있습니다. 각 출입처에는 전문가가 있고, 기자는 전문가의 말을 전하는 역할을 담당하기 때문이죠. 청와대는 우리 사회가 어떻게 움직이고, 정책이 어떻게 만들어지며 결정되는지 간접적으로나마 느낄 수 있는 곳이었습니다. 지방 자치 단체나 정부 부처에서 해당 분야의 정책과 그 의미를 배울 수 있다면, 청와대는 훨씬 거시적이에요. 대

통령 전용기에 함께 탑승해 해외 순방을 동행하는 건 청와대에 출입하지 않는다면 쉽게 해볼 수 없는 경험이기도 하죠.

그럼에도 삶은 고단했어요. 청와대는 24시간 내내 돌아가는 곳이고 국가의 모든 정보와 정책이 결정되는 곳이라 굉장히 빠르다는 느낌을 받았어요. 업무 시작이 빠르다 보니 기자들의 출근 시간도 그만큼 당겨집니다. 제가 모든 출입처를 경험해 보진 못했지만 청와대 출입 당시에는 퇴근도 비교적 늦은 편이었죠. 육체적으로는 힘들었지만 그만큼 배우고 경험한 게 많아서 잊지 못할 출입처였습니다.

Question 좋은 언론은 무엇이고, 좋은 기자는 어떤 존재일까요?

어려운 질문인데요. 기자는 하루에 벌어지는 수많은 사건 사고 중 특정한 아이템을 취사선택해서 대중에게 기사로 전달하는 사람입니다. 그런데 요즘처럼 다양성이 중시되는 사

회에서 모두를 만족시키는 언론이나 기자는 없다고 생각해요. 대신 만족시키진 못하더라도 모두가 수긍할 만한, 합리적인 시민 사회를 대변할 수 있는 기사는 필요하죠. 이런 기사를 만들어낼 수 있는 기자와 언론사가 곧 좋은 미디어가 되겠죠.

저는 '우리 사회를 올바른 방향으로 이끌 수 있는가', '시민과 함께 호흡하며 나아갈 수 있는가'라는 관점에서 두 가지 기사를 많이 추천합니다. 하나는 JTBC '스포트라이트'를 진행하고 있는 중앙일보 이규연 전 보도국장께서 2001년에 쓴 '난곡 시리즈'예요. 서울 최대 달동네였던 신림동 난곡 지역을 70여 일 동안 취재한 탐사보도인데요. 탐사보도의 전형으로 꼽히는 미국 인디언 가계 연대기 보도를 활용한 수작입니다. 그해 한국기자상을 받기도 했죠. 당시 저는 기자가 되기 전이었는데, '난곡 시리즈'를 보고 '이런 게 기사구나'라고 느꼈습니다. 사회를 바르게 이끄는 기사라고 생각했어요.

대학생이 된 뒤에는 한겨레21이 보도한 '노동 OTL'을 인상 깊게 봤어요. 기자가 비정규직 노동자로 한 달을 살면서 한국의 '워킹 푸어' 문제를 조명해 보는 기사였죠. 이 기획을 기점으로 비슷한 방식의 '체험형' 기사가 많이 나왔는데, 당시만 해도 굉장히 신선한 접근이었죠. 무엇보다 일상을 살아 내는 서민, 노동자들과 함께 적극적으로 호흡하는 기사라는 느낌을 받았습니다.

 방송기자가 되려면 어떤 준비를 하는 게 좋을까요?

글과 말을 잘 다루는 건 기본적으로 필요하다고 생각합니다. 언론사 시험 과정이기도 하고 입사 후에도 관련된 일을 맡게 되니까요. 그런데 말이든 글이든 결국 소재가 무엇인지가 중요해요. 풍부한 소재를 갖고 있어야 어떤 주제가 나오든 좋은 글을 쓸 수 있는데, 이걸 단기간에 대비하기는 너무 어렵습니다. 취업 준비를 하는 친구들을 보면 대개 고학년이 되어야 시사 상식이나

영어 시험 등 소위 스펙을 준비하기 시작하는데요. 기자를 준비하는 친구들이라면 중, 고등학생 때부터 다양한 경험을 쌓으라고 말하고 싶어요. 거창한 것이 아니라 책, 영화, 여행, TV 등을 통한 경험이죠. 장르를 가리지 않고 다양하게 봤으면 하고, 여행도 가능하면 여러 번 떠났으면 해요. 직간접적인 경험을 쌓아가는 것이 내 말과 글의 소재를 풍부하게 만드는 방법입니다.

저는 어릴 때 주말이 되면 아버지와 여행을 가거나 대형 서점에서 책을 읽었는데요. 버스 번호도 기억나요. 500번 좌석버스를 타고 광화문 교보문고에 도착하면 아버지와 만날 시간을 정해놓고 혼자 읽고 싶은 책을 보고, 구매할 책을 고르며 서점 안을 돌아다녔죠. 등산을 하면서 겸사겸사 사찰 여행을 다녔고, 해외도 기회가 될 때마다 나가려고 했어요. 저는 여행하며 경험한 에피소드를 중앙일보 논술 시험 답안으로 쓰기도 했는데, 경험이 실질적인 도움으로 이어진 케이스죠. 그래서 뭐든 할 수 있을 때 다양한 경험을 쌓아나갔으면 좋겠습니다.

Question 기자는 경쟁률이 높은 직업으로 알려져 있는데, 꼭 언론사 시험을 봐야하나요?

언론사 시험에 응시해 합격하는 것이 기자가 되는 가장 빠르고 일반적인 방법이기는 합니다. 하지만 기준을 높이 잡고 이름 있는 회사만 응시하겠다는 태도는 지양해도 될 것 같아요. 처음부터 크고 영향력 있는 회사에 들어가 취재하는 것도 의미가 있겠지만, 작은 회사에서 경험을 쌓아 이직하는 것 또한 좋은 선택입니다. 과거에 비해 이동이 자유로운 편이거든요. 기자가 되고  싶다면 시험에 에너지를 오래 쏟는 것보다 일을 빨리 배우는 게 더 중요하다고 봅니다. 기자의 개인 브랜드가 중요해지는 흐름 속에서 개인의 역량을 키우는 데 집중하면 더 큰 기회가 올 수도 있고요. 매체를 가리지 않고 일을 빨리 시작해 보면 좋겠습니다.

기자는 생활이 불규칙한데, 자신만의 시간 관리나 건강관리 노하우가 있다면요?

저는 사람을 만나는 직업이라 술자리도 많은 편이고 식사 시간도 일정하지 못할 때가 많습니다. 앞서 말했지만 출퇴근 시간도 명확하지 않고 출입처에 따라 시간 관리가 천차만별이죠. 저는 하루에 한번은 꼭 운동하는 습관을 들이고 있습니다. 출근 전 새벽이나 퇴근 후 밤, 주말 같이 쉬는 날에도 배드민턴이나 수영을 꾸준히 해요. 청와대에 출입할 때도 오전 6시부터 30분이라도 꼬박꼬박 운동하려고 했습니다.

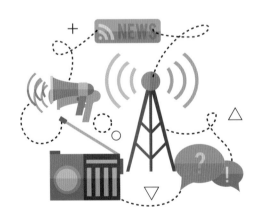

BROADCASTING

보도의
조건,
'정확성'

▶ '밀착카메라' 취재 당시

32x32 R/T-CH27

66 번

▶ 국회 라이브 연결 직전

▶ 청와대 출입 기자로서 동남아 순방길에 동행했을 때

기사를 볼 때마다 '글로벌 시대'라는 말을 체감하고 있어요. 언어 공부의 필요성을 느껴서 개인적으로는 중국어 공부를 시작했습니다. 최근 우리나라 현안을 보더라도, 한일 갈등 이면에 미중 무역 갈등이 연결되고, 남북 정상회담이 북미회담, 남북미회담으로까지 유기적으로 연결되죠. 해외 활동을 하는 한국인과 국내 활동을 하는 외국인이 일으키는 사건도 늘고 있습니다. 해외 뉴스도 허투루 다룰 수 없는 시대가 왔다고 생각해요. 많은 것을 보고 느껴야 쓸 수 있는 기사도 많아지고 깊어진다고 느끼는 만큼, 원문으로 된 외신 보도를 이해하기 위해서는 외국어 실력을 키워야겠더라고요. 그만큼 외신 보도를 많이 보려고 노력하고 있고, 외신을 통해 국내 뉴스를 다시 생각하고 해석해 보려고도 합니다.

Question 급변하는 미디어 환경 속에서 방송 보도의 의미 혹은 역할은 무엇이라고 생각하시나요?

대답하기 쉽지 않은 질문인데요. 개인적으로는 당장 1년 뒤 미디어 환경이 어떻게 변할지는 아무도 알 수 없다고 생각해요. 환경은 계속 변하기 때문에 오늘에 충실하면 된다는 입장입니다. 물론 관습대로 보도하자는 뜻은 아니에요. 그날의 환경에 맞게 대응해야 한다는 거죠. 요즘은 1인 미디어나 개인이 사건을 전하는 속도가 정말 빠르잖아요? 화재 사고만 봐도 SNS에서 퍼지는 속도가 연합뉴스 속보보다 빨라요. 기자들조차 현장으로 이동하면서 인스타그램 태그 검색을 하는 시대니까요. 그래서 신속성이 더 이상 최우선의 가치는 아니라고 생각합니다.

하지만 SNS에서 유통되는 정보는 부정확할 수 있어요. 그래서 언론은 더 정확해져야 합니다. SNS가 '사건이 발생했다'라는 현상 자체를 전달한다면, 언론은 그 사건의 원인을 분석하고, 의

미도 잘 전달할 수 있어야겠죠. '정확성'을 넘어 대안을 모색할 필요도 있어요. 언론이 직접 대안을 제시할 수도 있지만 현안에 대해 논의할 수 있는 공론의 장을 만드는 것이 중요하다고 생각합니다.

기사를 쓸 때 신경 쓰거나 중요하게 생각하는 부분은 무엇인가요?

'정치부 회의'를 담당하면서 더욱 느끼는 것 하나는 역시 '정확성'입니다. '정치부 회의'는 생방송이라 스튜디오에서 실시간 댓글 여론을 확인할 수 있어요. 방송 중에 하나라도 모호한 정보가 나오면 시청자들이 바로 지적해 줍니다. 오류가 수정되지 않고 방송으로, 기사로 잘못 나가면 파급 효과가 너무 크기 때문에 정확한 보도가 이루어질 수 있도록 더 노력하고 있어요. 기사에 한
문장을 쓰더라도 팩트를 꼼꼼히 따져보죠. 기자라면 무조건 갖춰야 하는 조건이지만 요즘 더 중요해졌다고 생각합니다.

그리고 내가 쓰는 기사가 사회적으로 어떤 의미를 주는지도 고민하게 됩니다. 한번 다뤄지고 잊히는 일회성 기사를 써야할 때도 있지만, 내가 쓰는 기사가 사회에 어떤 의미를 전할 수 있는지를 생각할 때가 많죠.

기자가 아닌 고석승은 어떤 사람인가요?

'여행가'라고 생각해요. 여러 경험, 많은 사람, 다양한 일을 만나는 걸 즐기는 제게 여행이 주는 만족감과 영감은 큽니다. 주변에도 여행을 많이 추천하고요. 해외여행을 갈 때 저는 시장, 학교, 공동묘지를 꼭 가보는 편이에요. 사람의 삶과 죽음, 먹고 사는 일, 사회화되는 과정을 볼 수 있는 곳들이거든요. 여행도 결국은 간접 체험이기 때문에 한번이라도 더 체험하려면 그 나라 사람들의 삶 속에 들어가야 하는데, 저는 위의 세 곳이 그 나라 사람들의 삶 속까지 들여다보는 데 적격인 장소라고 생각하고 있어요.

Question 앞으로의 목표가 있다면 무엇인가요?

기자를 시작할 때나 지금이나 목표는 하나입니다. 시민의 일상을 좀 더 나은 방향으로 나아갈 수 있게 만드는 기사를 쓰는 거죠. 세상을 뒤흔드는 단독 보도, 특종 기사도 가치가 있지만 세상을 소소하게 변화시키는 기사도 중요하다고 생각해요. 1년 반 동안 담당한 '밀착카메라'는 제 목표에 부합하는 코너였어요. 시민들의 사소한 불편함을 찾아가, 개선할 수 있도록 사회에 알리는 기획이었죠. 힘들었지만 신나게 취재했고 앞으로도 소소한 일상을 소소하게 변화시키는 기사를 쓰고 싶습니다.

Question 기자를 꿈꾸는 청소년들에게 한마디 남겨주세요.

앞서 답변한 내용과 일맥상통한 이야기인데요. 어릴 때부터 다양한 사회 현상에 관심을 가져봤으면 좋겠어요. 기자가 자원봉사자나 자선활동가는 아니지만, 그분들 못잖게 타인의 아픔에 공감할 수 있는 마음을 가져야 한다고 생각해요. 그 마음은 사회에 애정과 관심을 갖다 보면 자연히 생기게 돼요. 그런 친구들이 기자가 됐으면 좋겠습니다.

기자가 된 것은 다분히 우연의 일치 같아 보였다.

대학 시절 많은 수험생들처럼 수능 점수에 맞춰 독어독문학과에 진학했다. 독일이나 독일어에 대한 관심은 없었다. 비인기 학과를 전공했기 때문에 미래에 대한 불안을 느낀 것도 잠시, 전공수업과 다양한 교양 강의를 들으며 알게 모르게 스며든 인문학적 소양은 자양분으로 재탄생했다.

모 신문사 대학생 명예기자로 활동하고 있던 선배 자리를 메워야 해 시작했던 일. 졸업 후 일반 기업에서 일하고 있었던 어느 날, 온라인 스포츠 매체에서 '같이 일해보자'고 제의를 받았다. 스포츠 기자 이석무가 내딛은 언론계 첫 발이었다.

'넌 공짜로 스포츠 경기를 볼 수 있어서 좋겠다'고 부러워하는 지인들에게 '기사 쓰면서 보면 지옥'이라고 응수하는 이석무 기자. 그러나 메이저리그 해설, 라디오 스포츠 뉴스 진행 등 다방면에서 활약하는 그에게서 스포츠에 대한 무한 애정이 느껴진다.

이데일리 스포츠 기자
이석무

- 현) 현 이데일리 레저문화부 스포츠팀 기자
- 마이데일리 스포츠팀 팀장
- MBC스포츠플러스 메이저리그 해설
- SBS, MBC, KBS, TBS, OBS 등
  주요 방송국 스포츠 관련 방송 출연

기자의 스케줄

이석무
기자의
하루

21:00~
▶ 퇴근

06:00~07:00
▶ 기상
08:00~8:10
▶ 출근

17:00~21:00
▶ 경기장 취재

08:10~8:30
▶ 기사 발제 및
일정 보고
08:30~9:00
▶ 회의

12:00~17:00
▶ 외부 인터뷰 및
지면용 기사 작성

09:00~12:00
▶ 외신 체크 및
온라인 기사 작성

▶기념하고 싶은 곳 앞에서 한 컷!

간단한 자기소개와 현재 어떤 일을 맡고 계신지 소개해주세요.

저는 이데일리라는 경제전문지에서 체육 레저 분야를 담당하고 있는 이석무라고 합니다. 2002년부터 기자생활을 시작했고, 여러 매체를 거쳐 2009년부터 지금까지 이데일리에서 활동하고 있습니다. 시작도 체육 쪽으로 시작했고 지금의 회사도 경력직으로 들어오다 보니 본의 아니게 체육 분야에서만 계속 활동하고 있는데요. 기자 생활을 시작했던 초창기에는 겁 없이 밀어붙이는 게 특기였는데 지금은 주변도 많이 둘러보게 되고 눈치도 보게 되는 아저씨가 된 것 같네요.

Question **초등학생 때는 어떤 학생이었나요?**

초등학생 때는 나름 리더십이 있다고 생각했습니다. 2학년부터 6학년까지 반장을 놓쳐본 적이 없었거든요. 또래에 비해 키가 크고 목소리가 커서 그랬는지 모르지만 친구들이 잘 따라주고 좋아했습니다. 초등학교 수준에서 큰 의미는 없지만 공부도 제법 잘했던 것 같은데, 당시에는 내가 타고난 뭔가가 있다는 생각까지 했었어요. 물론 중학교에 들어가면서 그런 생각은 무참히 깨져버렸지만요.

Question **중고등학생 때는 어떤 학생이었나요?**

중·고등학생 때는 정말 두드러지지 않는 평범한 학생이었습니다. 성적도 중위권 정도에 불과했고 그렇다고 잘 노는 것도 아니었죠. 개인적으로는 열등감에 시달렸던 시기가 아닌가 생각합니다. 외모, 가정형편, 성적, 대인관계 모든 면에서 남들보다 부족하다고 생각했기 때문에 늘 우울했던 것 같습니다. 지금 생각해보면 참 어이가 없는 생각이지만 그때 목표나 의욕을 더 갖고 인생을 내다봤다면 살아가는데 보다 도움되지 않았을까 싶긴 해요. 그런 생각을 하기에 너무 어린 나이였긴 하겠지만요.

Question 대학생 때 자신을 돌아본다면 어땠나요?

저는 독어독문학과를 선택했습니다. 사실 독일이나 독일어에 대한 관심은 없었어요. 많은 학생들이 그렇듯 수능점수에 맞춰 서울에 있는 대학을 가야겠다는 생각뿐이었죠. 입학하고 나서 잠시 후회가 되기도 했지만 지금의 저와 제 삶을 돌아보면 많은 도움이 된 것 같습니다.

기자로 일할 때 필요한 여러 요소가 있는데, 그중 기본이 되는 건 아무래도 인문학적 소양일 거예요. 수업을 들으며 나도 모르게 스며들었던 인문학적 소양은 오늘날 기자생활을 하는데 좋은 자양분이 됐다고 생각합니다. 빠르게 발전하고 있는 기술의 변화도 인문학적인 토대 위에서 이뤄진다고 생각해요. 그런 의미로 인문학이 상대적으로 홀대받는 지금의 사회 흐름에 대한 아쉬움도 크죠.

Question 대학 생활을 하면서 중요시 여긴 것은 무엇인가요?

대학 생활에 대한 추억이 많지는 않습니다. 군 복무 시절을 제외하면 대부분이 학교, 아르바이트, 시험 준비였던 것 같아요. 대학 시절 경제적 형편이 넉넉하지 못했거든요. 등록금을 스스로 마련할 정도는 아니었지만 제가 써야 할 용돈은 스스로 벌어야 했어요. 그래서 빨리 안정된 직장을 가져야겠다는 압박감이 컸던 것 같습니다. 비인기 학과를 전공했기 때문에 미래에 대한 불안감이 많았던 것 같아요. 돌이켜보면 조급함이나 불안함 때문에 대학 생활의 낭만이나 즐거움을 경험하지 못했다는 생각이 들기도 하죠.

평소 성격은 어떻고 어떤 분야에 흥미가 있었나요?

이중적인 성격이에요. 표현하자면 그렇다는 건데, 무슨 말이냐면 일단 업무적으로는 최대한 활달하고 외향적이 되려고 노력합니다. 직업 특성상 사람들을 많이 만나다 보니 밖에서 나를 바라보는 시선을 많이 신경 쓰는 것 같아요. 개인적으로는 내성적이고 낯을 가리는 편입니다. 예민하고 접근하기 어렵다는 얘기도 들은 적 있었죠. 그래서 의도적으로 사람들과 어울리기 위해 노력했던 부분도 있습니다. 일 외적으로는 역사나 과학, 국제 등 다양한 분야에 관심을 가지려 노력하고 있어요. 10년 넘게 일해 온 스포츠 분야는 이 직업을 갖게 되면서 관심이 생긴 것 같습니다. 먹고 살기 위해 관심을 갖게 된 케이스죠.

스포츠 기자를 선택하게 된 계기는 무엇인가요?

정말 우연한 기회였어요. 대학 시절 친한 선배가 모 신문사의 대학생 명예기자로 활동하고 있었는데, 선배 개인 사정으로 활동을 못 하게 됐어요. 그때 제가 대신 그 자리를 메우게 됐죠. 급하게 찾아온 기회기도 해서 대학교 리포트 쓴다는 생각으로 글을 올렸는데 다행히 신문사 관계자들이 좋게 평가를 해주셨어요. 지금 생각해보면 볼품없는 엉터리 기사였지만 그래도 열심히 하는 모습을 인정해준 것 같습니다. 졸업 후에 일반 기업체를 다니던 중 온라인 스포츠 매체에서 입사 제의가 들어왔고 자연스럽게 기자의 길로 접어들었어요. 어떻게 보면 운이 참 좋았던 케이스라고 볼 수 있을 것 같습니다.

생생하게
전달하는
승부의 세계

첫 취재, 혹은 수습 시절의 에피소드를 소개해주신다면?

기자 생활 초창기에 독일과 네덜란드 출장을 갈 기회가 있었어요. 그때는 정말 겁이 없던 시절이었죠. 당시 유명한 축구선수 및 감독들과 인터뷰를 하면서 기자로서 가장 큰 뿌듯함을 느꼈습니다. 물론 쓴맛도 많이 봤죠. 한 번은 이름을 대면 누구나 알 만한 선수와 인터뷰를 하기 위해 구단을 방문했는데 그 선수는 당시 어떤 이유로 인해 언론기피증이 극에 달해 있었어요. 그래도 계속 부딪히면 인터뷰할 수 있겠다는 생각을 했죠. 선수가 나올 때까지 구단 클럽하우스 정문에서 기다리고 있었습니다. 2시간 정도 기다리고 있는데 마침 비까지 내리더군요. 비를 피할까 했지만 그사이 선수가 나올까 봐 계속 비를 맞고 기다렸습니다. 하지만 계속 안 나왔어요. 마침 동료 선수가 나오기에 "그 선수 어디 있느냐"고 물어봤더니 뒷문으로 빠져나갔다고 하더라고요. 그날 너무 화가 나서 시내의 한국 식당에서 없는 출장비에 소주를 들이켰습니다. 다음날 몸살까지 찾아오면서 출장은 최악의 기억으로 남았죠. 좋은 기억은 아니지만 그래도 나름 잊을 수 없는 추억이라 할 수 있습니다.

스포츠 기사가 나오기까지 어떤 과정을 거치게 되나요?

기획 기사의 경우는 미리 기획 회의를 거쳐 발제를 하게 됩니다. 구체적인 기사 계획이 완성되면 필요한 인터뷰 및 자료 수집을 하게 됩니다. 취재가 완료되면 기사 작성에 돌입하고 마감일에 맞춰서 올리게 됩니다. 속보 기사의 경우 계속 체크를 하고 사건이 일어나게 되면 발 빠르게 기사를 작성합니다. 속보는 최대한 순발력 있게 대처하는 것이 중요해요.

Question 야구, 축구 등 스포츠 내에서 담당하는 특별 분야가 있나요?

　현재 속한 회사가 전문 스포츠지가 아닌 만큼 전 종목을 담당하고 있어요. 보통은 야구, 축구, 배구 등 기존 프로 스포츠 외에도 격투기나 e스포츠, 프로레슬링 같은 새로운 스포츠 장르도 함께 취재하고 있죠. 종목에 대한 편견을 갖지 않고 최대한 객관적이고 중립적으로 다가가려고 노력하고 있습니다.

Question 스포츠 기자로서 가장 뿌듯한 순간은 언제인가요?

　남들이 쓰지 않은 내용을 먼저 기사화했을 때 가장 성취감을 느낍니다. 기사를 써서 독자들의 반응이 긍정적이거나 인터뷰를 한 사람이 기사 내용에 만족감을 나타내고 고마움을 전해올 때도 뿌듯함을 느끼죠. 아울러 기자라는 업무와는 별개로 현장에서 멋진 경기를 보고 각본 없는 드라마의 감동을 직접 느낄 때도 이 직업을 잘 선택했다는 생각을 하게 됩니다.

기자는 생활이 불규칙한데 시간 관리나
건강관리 노하우가 있다면요?

특별한 노하우는 없어요. 결국 직장인이다 보니 조직의 틀에 맞춰 살게 되죠. 그래서 본의 아니게 늘 수면부족에 시달리고 있습니다. 건강도 해치는 경우가 생깁니다. 그런 만큼 시간이 날 때마다 운동을 하거나 휴식을 잘 취하는 것이 중요해요.

자신이 맡은 분야의 기자로서 전문성을 쌓기
위해 어떤 노력을 하고 계신가요?

지금은 못하고 있지만, 과거 격투기 취재를 하기 위해 격투기 체육관에 등록해서 선수들의 기술을 직접 체험해봤던 게 기억납니다. 격투기 선수들이 얼마나 어려운 훈련과 준비를 통해 링에 오르는지 작게나마 깨달을 수 있었어요. 최근에는 스포츠 인문학에 관심을 갖게되어 관련 공부를 준비하고 있습니다. 스포츠의 역사나 철학, 심리학, 사회학 등 다양한 접근으로 스포츠를 이해하려는 노력을 하고 있어요.

언제나
**젊은 감각의
기사를**
쓸 수 있기를

Question

기자라는 직업 외에
당신은 어떤 사람인가요?

경주마처럼 적극적이고 앞만 보고 가는 사람인 것 같아요. 경주마는 경기가 시작되면 양쪽 눈을 안대로 가리고 무조건 질주하죠. 저도 결승선에 다다를 때까지 달리는 사람이에요. 장점도 있지만 이런 성향이 단점이 될 때도 있는데, 주위를 둘러보지 못하고 앞만 바라보니 뜻하지 않은 실수나 오해가 생기는 경우도 있어요. 그래서 최근에는 무언가를 하더라도 한 번쯤 주변을 둘러보고 뒤를 돌아보려는 노력을 하고 있습니다.

Question

급변하는 미디어 환경 속에서
온라인 미디어의 의미 혹은 역할은 무엇일까요?

온라인 미디어는 이제 미디어의 전부라고 해도 틀린 말이 아닙니다. 온라인 미디어의 영향력은 지면이나 방송을 뛰어넘었다는 평가입니다. 한편으로 온라인 미디어는 정보의 제공자와 소비자의 일방향적 관계, 그 벽을 무너뜨리기도 했어요. 온라인 미디어는 누구나 정보와 콘텐츠에 접근할 수 있고 선택할 수 있는 범위도 워낙 넓습니다. 그 의미는 온라인상 정보를 쉽게 접할 수 있는 만큼 왜곡된 정보가 돌아다닐 가능성도 크다는 의미에요. 그런 만큼 온라인상에 떠도는 수많은 정보 가운데 어떻게 하면 양질의 것을 선택할 수 있느냐가 중요한 과제라 생각해요. 정보를 제공하는 자는 물론 소비하는 자들이 함께 고민하고 노력해야 할 부분이라 생각합니다.

Question 기사나 보도에 기자의 의견을
덧붙여도 되나요?

    기본적으로 기사의 생명은 객관성입니다. 팩트를 정확하게 전하는 것이 가장 중요합니다. 최대한 기자의 개인 생각이나 의견은 배제되는 것이 옳습니다. 하지만 기사 형태는 다양합니다. 칼럼 형태의 기사에선 충분히 자기 생각을 표현하고 주장을 나타낼 수 있습니다.

Question 기자의 개인 브랜드화에 대해
어떤 생각을 갖고 계신가요?

    온라인 미디어 환경이 강화되면서 이제 뉴스 수용자들은 매체보다 기자를 기억하는 경우가 많아지고 있습니다. 이는 자연스러운 현상이고 앞으로 더욱 강화될 것으로 보입니다. 많은 팬들을 보유한 기자의 SNS는 웬만한 언론사보다 막강한 영향력을 가지고 있지요. 언론사들도 그런 흐름을 인정하고 기자의 브랜드를 키우는데 많은 신경을 쓰고 있습니다. 기자가 개인 브랜드를  갖기 위해서는 무엇보다 전문성이 가장 중요합니다. 앞으로 언론사들도 전문성에 무게를 싣고 기자들의 활동을 지원하는 조직이 될 거에요.

Question 어떤 사람이 되고 싶으신가요?

    개인적인 롤모델은 없지만 '남에게 도움을 주는 사람이 되자', '피해를 주는 사람은 되지 말자'고 생각하며 살고 있습니다. 저는 늘 누구에게 필요한 사람이 되고 싶어요. 제 자신을 관통하는 표현을 한 가지 꼽는다면 '역지사지'가 아닐까 생각합니다. 기사를 쓸 때나, 어떤 행동을 할 때 상대가 어떻게 생각할까 한 번씩 생각하는 것이 도움이 되더라고요. 물론 항상 생각대로 모든 일이 흘러가는 것은 아니지만 남의 입장에서 생각한다는 건 곧 자신을 객관화해서 볼 수 있는 기회가 됩니다. 자신만이 아닌 주변을 둘러보는 습관이 중요하다고 생각합니다.

Question 앞으로의 목표가 있다면 무엇인지 궁금해요.

　계속해서 좋은 기사를 쓰고 싶어요. 기자로서 언제까지 활동할지는 모르겠지만 제 자리에서 최선을 다하고 싶습니다. 외국의 경우, 나이가 60~70대가 되더라도 현역에서 활동하는 기자들을 종종 볼 수 있습니다. 반면 우리나라는 40대만 넘어도 관리직으로 전환하거나 심지어 기자를 그만두는 경우가 많은 것 같아요. 그런 흐름을 거슬러 나이가 들어도 항상 젊은 감각으로 기사를 쓸 수 있는 기자가 되고 싶습니다. 급변하는 미디어 환경에 뒤처지지 않고 계속 발전하는 기자가 되고 싶어요.

Question 기자를 꿈꾸는 청소년들에게
마디 남겨주세요.

　예전에는 기자가 되기 위해선 '언론고시'라는 바늘구멍을 통과해야만 했습니다. 많은 시간과 노력을 들여야 했죠. 하지만 지금은 다릅니다. 내가 기자가 되고 싶다면 당장 될 수 있지요. 자신이 관심을 갖고 늘 생각하는 분야가 있다면 당장 그것을 글로 옮기면 됩니다. 굳이 지면이나 뉴스 사이트가 아니어도 돼요. 블로그나 SNS, 유튜브 등 매체는 수도 없이 많으니까요. 중요한 것은 도전하겠다는 의지라고 생각해요. 1인 미디어가 대세로 떠올랐고 온 국민이 기자가 되는 시대가 왔습니다. 기자를 꿈꾼다면 지금 당장 될 수 있습니다.

　도전해보세요!

글쓰기를 좋아하던 학창 시절. 애정만큼이나 욕심도 많아 문학, 비문학을 가리지 않고 백일장에 도전하곤 했다. 여자라서 조용할 것이라는 편견에 늘 도전하며 흔히 남자들의 과목으로 여겨지던 과학과 기술에도 관심을 보였다. 대학 시절 법학을 공부했지만 영 적성에 맞지 않았다. 이때도 그는 과감히 도전장을 던졌다.

'최고참이 05학번인 학과에 다닌 유일한 04학번', 신설학과로 전과해 열심히 공부했다. 전공 공부를 하며 깊게 사고하고 분석하는 법을 배웠고, 도서관에 머물며 책과 영화를 통해 생각을 쌓았다.

잡지인력양성 교육을 받고 한 여성지에서 잡지 기자를 시작한 그는 '두고두고 이야기할 수 있는 것'을 다루고 싶었고, 공연전문지 월간 <객석>으로 둥지를 옮겼다. 오늘도 김선영 기자는 한 기사의 기획자로서 독자의 마음을 사로잡기 위해 고민 중이다.

- -

공연예술지 월간객석 기자
김선영

- 현) 월간객석 기자
- 전) 여성월간지 Queen 기자
- 건국대학교 커뮤니케이션학과 졸업

기자의 스케줄

김선영
기자의
하루

19:30~22:00
▶ 공연 관람 이후 귀가

08:30~09:30
▶ 출근길에 일간지
  주요 뉴스 읽기

14:00~18:00
▶ 아티스트 인터뷰 및
  현장 취재, 또는
  공연 관계자 미팅

09:30~10:30
▶ 주요 극장 및 기획사,
  제작사가 발송한
  보도자료 검토

12:00~13:30
▶ 동료 기자들과 점심식사
  하며 각자 관람한
  공연 리뷰

10:30~12:00
▶ 오후 아티스트 인터뷰
  (또는 현장 취재) 내용
  최종 점검

나만의
이야기를
글로 적던
아이

▶ 잡지 촬영 현장 모습

▶ 잡지 촬영 현장 모습

▶ 잡지 촬영 현장 모습

간단한 자기소개와 현재 어떤 일을 맡고 계신지 소개해주세요.

안녕하세요. 김선영이라고 합니다. 월간 '객석'에서 클래식 음악, 국악, 연극, 뮤지컬, 무용 등 공연예술 전반을 다루고 있어요. 관련 분야에서 벌어지는 일들과 새로운 공연을 미리 들여다보거나, 현재 진행 중인 공연을 리뷰하거나, 관련된 예술가를 인터뷰하는 일을 하고 있습니다.

초·중·고등학생 때는 어떤 학생이었나요?

책 읽는 걸 좋아해서 중학생 때까지 백일장이나 글쓰기 대회는 꼭 나갔어요. 상도 곧잘 받았었죠. 초등학생 때는 선생님이 국어 시간에 교과서 본문을 읽는 연습을 시켰는데, 안 틀리고 오래 읽어보고 싶어서 집에서 연습했던 기억도 있어요. 책을 좋아하고 글을 쓰고 표현하는 걸 좋아했죠. 반장이나 조장, 남들 앞에 나서고 발표하는 것도 좋아했습니다. 어렸지만 나만의 시나리오를 만들어서 거울 보고 발표 연습했던 기억도 나요. 남들 앞에서 글과 말로 내 생각을 표현하는 걸 좋아했던 아이라고 할 수 있겠네요.

교과목 중에는 특히 국어, 사회를 좋아했죠. 과학 과목 중에서는 지구과학, 생물을 좋아했어요. 기술 과목도 좋아했는데, 흔히 남학생이 좋아하고 잘하는 과목이라는 통념에 저는 "여자는 왜 안돼?"라는 생각을 했었어요. 호기롭게 도전하고 호기심도 많은 편이었습니다.

Question ## 글을 쓸 때는 주로 어떤 분야의 글을 좋아했나요?

글쓰기 대회는 문학 장르와 비문학 장르 둘 중 하나를 선택해서 참가하는 경우가 많잖아요? 저는 양쪽 모두 좋아했어요. 초등학생 때는 산문보다 시를 많이 썼고, 중학생 때는 논설문을 많이 썼죠. 글을 잘 쓰고 싶어서 좋은 문장이 있는 책을 찾아보게 되고, 좋은 문장을 따로 적어놓기도 했어요. 독서를 좋아해서 글쓰기에 대한 관심도 높아졌던 것 같습니다. 자연스럽게 연습할 수 있었죠.

Question ## 대학 시절은 어떻게 보냈는지 궁금해요.

법학과에 입학했는데 처음부터 적성에 맞지 않았어요. 1학년을 마치고 문과대학에 신설된 커뮤니케이션학과로 전과했죠. 기호학, 언어심리학과 더불어 매스 미디어와 관련된 수업을 많이 들었고 글쓰기 기질이 여전히 남아있었는지 기사 쓰기, 스피치 수업도 챙겨 들었죠. 말을 잘하고 글을 잘 쓰면 뭘 하든 도움이 되겠다는 생각이었습니다.

또, 대학을 다니며 가장 오래 머물렀던 곳은 도서관이에요. 자기계발서도 많이 읽고 영상미디어실에서 영화도 많이 빌려봤죠. 캠퍼스 밖에서는 주로 미술 전시회에 다녔어요. 친한 친구들이 산업디자인, 웹디자인, 건축 전공이 많아서 같이 몰려다니며 작품을 감상하고 이야기를 나눴죠.

Question

본인에게 큰 변화를 안겨다 준 경험이 있나요?

대학생 때 여름방학이 되면 러시아로 봉사를 갔어요. 과거 러일 관계에 의해 연해주에 살다가 볼고그라드로 강제 이주 당한 고려인을 대상으로 한 한글학교가 있었어요. 저도 이를 돕기 위해 보름 정도씩 다녀오곤 했죠. 남을 돕기 위해 무언가를 시작하니 나는 어떻게 살아야 할 것인가에 대한 고민을 자연스레 하게 되더군요. 어떻게 살아야겠다고 구체적인 목표를 세우진 않았지만 제 인생 전반에 걸쳐 꼭 필요한 교훈을 얻었어요. 사람과 사람을 연결해주는 끈이 되고 싶은 마음을요.

Question

그 밖에 기억에 남는 활동도 있나요?

제가 졸업할 즈음 대학생들이 할 수 있는 대외활동 붐이 일었어요. 4학년 1학기 때 길벗 출판사에서 대학생 기자단을 모집한다는 공고를 보고 지원했죠. 평소에 출판사에 대해 궁금했고, 자신이 쓴 글이 웹진에 실리는 것과 활동비를 준다는 것이 맘에 들어 넣어봤는데 운 좋게 합격했어요.

Question

기자단 활동이 현재 기자로 일하는 데 어떤 영향을 미쳤나요?

그때 제 임무는 크게 두 가지였어요. 하나는 새로 나오는 책을 읽고 프리뷰하기, 다른 하나는 관련된 사람을 인터뷰하는 것이었습니다. 기자단 활동을 시작하고 얼마 안 돼서 길벗 출판사 사장님 인터뷰를 했는데 출판사 사장을 인터뷰하는 거니까 많이
알아보고 가야겠다는 생각을 했어요. 처음 해보는 인터뷰라 인
터뷰에 관련된 책도 읽어봤죠. 질문지를 보면서 하기가 싫어 질
문을 외워 가기도 했고요. 그러면서 기자가 하는 일을 맛볼 수 있
었던 것 같네요. 4학년이 될 때까지 특정한 '직업'을 갖고 싶다는
생각이 없었는데 기자단 활동을 1년 정도 하면서 출판사 편집자
나 기자에 대한 관심을 갖게 됐죠.

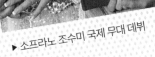

프로 정신을
잊지 않기 위한
매일의 노력

▶ 소프라노 조수미 국제 무대 데뷔

▶ 연극배우 윤석화 인터뷰 현장

photo by. piljoo

Question ## 기자 생활은 어떻게 시작하게 되었나요?

대학교를 졸업하고 취업 압박에 시달리고 있었어요. 구직 사이트를 둘러보다가 (사)한국잡지협회 부설 한국잡지교육원에서 실시하는 잡지 인력 양성코스가 개강한다는 걸 알았습니다. 바로 신청했죠. 저는 아날로그적 성향이 있었고 책도 좋아했으니까요. 당시는 출판사에 가고 싶다는 마음이 더 컸는데, 잡지에서 간접 경험을 하거나 잡지를 거쳐 출판사로 넘어가 보자는 생각을 했었습니다. 지금 생각해보면 잡지와 출판사 일은 많이 다르지만요.

교육이 끝날 때쯤 열린 잡페어(job-fair)에서 여성지 '퀸'에 이력서를 내고 면접 후 합격했어요. 저는 '피처-취재팀'으로 배치받았습니다. '퀸'에서 대중적인 뉴스와 문화계 이슈를 많이 취재했어요.

그러다가 시시각각 변하는 이슈를 따라잡는데 체력적, 정신적 소모를 많이 느꼈죠. 오랫동안 두고두고 이야기할 수 있는 것을 다루고 싶다는 의지가 컸어요. 마침 공연을 전문으로 다루는 월간 '객석' 공채가 나서 지원하게 되었습니다. 원래 예술 관련 전공자들만 기자로 뽑았는데 그해에는 예술 전공이 아니어도 잡지 기자 경험이 있으면 경력자로 응시가 가능했어요. 예술을 전공으로 공부하진 않았지만 관심과 애호가 있으니 가능하지 않을까 생각했고 다행히 합격했습니다.

 Question ## 첫 취재, 혹은 수습 시절의 에피소드가 있다면 무엇인지 궁금해요.

모든 직업인은 프로 의식을 갖는 게 중요해요. 일에 대한 돈을 받는 순간부터 프로라고 생각하고 일해야 하는데, 그와 동시에 기자로서의 태도로 더욱 요구되는 건 시간 엄수죠. 이 두 기준에 대해 제게 변화를 가져온 경험이 있어요.

제가 편집국 1년 차 막내 기자였을 때, 고 앙드레 김 디자이너 발인이 있었습니다. 유명 인사가 돌아가셨을 때 주로 첫날이나 마지막 발인 날 취재를 가는데 당시 발인 시간이 비밀이었어요. 타 매체 기자들에게 (예를 들어) 발인이 오전 6시 반이라고 전해 들어서 저도 그렇게 보고했죠. 그런데 당일에 가보니까 이미 다 끝난 거예요. 사람이 많이 몰리니까 시간을 앞당겨 진행한 거였고. 같이 취재 나온 사진기자는 10년 이상 근무한 선배였어요. 그 선배에게 발인이 6시 반이니 6시에 만나자고 했는데 저는 그날 늦기까지 했죠. 그런데 선배는 느낌이 이상해서 일찍 가 있었던 거예요. 다행히 현장을 잡았죠.

저는 늦은 데다가 '큰일 났다'고 생각해서 마음이 안 좋았는데, 그 선배가 "기자가 사전 정보를 정확히 파악하지 못해서 취재를 놓쳤다는 건 불명예스러운 일이다."라고 얘기하시면서 "심지어 늦지 않았냐. 이런 건 기자의 태도가 아니다."라고 말씀하셨어요. 속상해서 엉엉 울었죠. 물론 사진기자 선배가 사진을 찍어서 최악의 상황까지 가진 않았지만, 막내 기자라도 현장에 가면 우리

매체를 대표하는 기자라는 점, 단돈 만 원을 받아도 그 순간 아마추어가 아닌 프로의 마음가짐으로 취재해야 한다는 점을 알 수 있었던 사건이었습니다. 이전에 그런 실수를 한 적은 없었어요. 하지만 그날 큰 실수를 했기 때문에 다음부터 그러지 말아야겠다고 마음에 새겼죠.

Question 그렇다면 잡지 기자에게 중요한 자질은 또 무엇이 있나요?

일간지와 달리 잡지 기자는 기자면서 동시에 편집자입니다. 다시 말해 독자가 넘기는 페이지 하나에 걸린 모든 것의 시작과 끝이 잡지 기자의 컨트롤 하에 이어지죠. 기획부터 기사의 방향과 콘셉트, 섭외, 취재, 사진촬영, 기사작성, 지면 레이아웃, 인쇄 전 최종 확인까지요. 이런 프로세스는 일간지 기자와는 조금 달라요. 동시다발적으로 진행되는 업무도 많고, 함께 작업하는 사람들의 상황에 영향받기 때문에 신경 쓸 일도 많습니다.

잡지 기자는 취재력도 좋고 글도 잘 써야겠지만 이 두 가지로 모든 것이 해결되지는 않아요. 각자 잘하는 것, 못하는 것이 다르기 때문에 자신의 장단점을 잘 파악해서 직업적으로 필요한 모든 자질의 평균치를 맞추는 것이 중요합니다.

월간 <객석> 2014년 1월호

 월간지가 나오기까지 한 달 스케줄은 어떻게 되나요?

잡지가 발행되는 4주차에 다음 호 기획 회의에 들어가요. 기획 방향이 정해지면 1~2주차에 취재와 인터뷰를 하고, 공연예술지라 공연 관람도 빼놓을 수 없죠. 3주차가 흔히 말하는 '마감 시즌'이에요. 이때 원고를 작성하고 기사를 마감하죠.

자신이 맡은 분야의 기자로서 전문성을 쌓기 위한 노력은 무엇이 있나요?

기자는 연차, 즉 얼마나 현장을 겪어 봤느냐에 따라 업무 진행력과 퀄리티가 달라져요. 저는 공연예술지에 몸담고 있어서 얼마나 많은 공연을 봤느냐가 중요하죠. 공연을 일주일에 5~6회 정도 챙겨 보기도 했는데, 그만큼 장르 불문하고 많은 공연을 챙겨보려고 노력합니다.

영화와 달리 공연은 현장성이 더 커요. 배우가 달라지고 공연 상황, 관객 반응 등 변수가 많기 때문에 일회성을 갖죠. 공연을 다루는 기자가 그 현장에 없으면 잃는 것이 많다고 생각해요. 지금 당장 이 공연에 대한 기사를 쓰지 않더라도 나중에 써야 하는 기사에 이 공연이 인용돼야 할 수도 있죠. 방금 스쳐 지나갔던 신인이 내후년에 스타가 돼 있을 수도 있고요. 그 변화 과정을 모른다면 수박 겉핥기 식 기사만 쓰게 되고 공연예술전문 기자로서는 최악이겠죠.

Question **기자라는 직업 외에 당신은 어떤 사람인가요?**

저는 기획자가 되고 싶어요. 잡지 기자라서 특히 그런 것 같습니다. 잡지의 한 페이지를 볼 때 임팩트 있는 사진으로 독자의 마음을 사거나, 좋은 제목, 문장, 전체적인 레이아웃 등이 무기가 될 수 있습니다. 만약 인터뷰라면 인터뷰하는 대상, 제목, 글, 사진이 풍기는 이미지가 조화로워야 좋은 기사라고 생각해요. 잡지는 레이아웃의 미학이 있고, 사진의 디렉션이 존재해요. 좋은 잡지 기자는 좋은 기획자여야 하고, 그럴 수밖에 없는 것 같습니다. 여러 요소를 잘 절충하고 활용해서 목표에 충족하는 결과물을 내놓아야 하는 사람이에요.

어떻게 하면 기획을 잘할 수 있을까요?

　기획이라고 하니까 거창해 보이는데요. 기획의 생활화가 중요한 것 같아요. 일상에서 쉽게 할 수 기획을 예로 들어볼게요. 여자 친구 생일에 어떻게 하면 이 친구를 기쁘게 해줄 수 있을까 준비하는 거죠. 선물을 살까, 맛있는 식사를 할까, 좋은 곳을 가볼까 하는 고민. 이게 기획의 시작이에요. 좀 더 구체적으로는 밥을 먹고 남산타워로 갈지 아니면 남산타워에서 야경을 보며 밥 먹을지 순서를 정하는 것도 기획이에요. 이 기획의 목표는 그녀를 기쁘게 하는 것이고, 그 목표를 위해 어떤 수단과 방법을 선택하고 어떻게 배치할 것인가 결정하는 거죠. 우리는 인지를 못 할 뿐 이미 수많은 기획을 하고 있어요.

Question

잡지 기자가 되려면
어떤 준비를 하는 것이 좋을까요?

　일간지와 달리 잡지의 차별성은 글의 길이와 깊이에서 오는 것 같습니다. 잡지 기자는 인터뷰이와 1~2시간 이상의 심층 인터뷰를 해요. 속보가 중요하지 않기 때문에 같은 이슈라도 독자들에게 좀 더 도움 될 수 있는 의미나 정보를 담거나, 잘 알려지지 않은 내용을 다루죠. 그래서 긴 글을 많이 써보는 게 중요합니다.

　그런데 긴 글을 쓰려면 짧은 글 연습이 필요해요. 중·고등학생은 입시로 바쁘고, 대학생은 학점 관리, 취업 준비로 바빠서 사회가 요구하는 수준까지 능력을 갖추기는 어렵겠지만 짧은 글부터 꾸준히 연습해서 잡지 기사 분량의 글을 쓸 수 있게 된다면 좋을 것 같아요. 길어진 분량을 풍성하게 채우려면 책도 많이 읽고 글을 쓰기 위해 조사도 철저하게 해야겠죠? 그러면 내용도 많이 깊어질 거예요.

불규칙한 생활 속에서의 시간 관리나 건강관리 노하우가 궁금해요.

　시간 관리는 아직도 숙제에요. 한 10년 일해 보면 괜찮아질까요? 기자라는 직업은 본인이 시간을 컨트롤 할 수 있지만 취재원의 일정도 같이 고려해야 해요. 그래서 시간 변수가 많은 직업입니다. 시간 관리를 하기 위해 스케줄러를 쓰고, 알람 설정하기는 필수에요. 스케줄이 여러 개인 날은 다음 일정 시작하기 1~2시간 전에 알람이 울리도록 맞춰놔요. 그래야 넋 놓고 일하는 걸 방지할 수 있답니다.

　또 쉴 때 잘 쉬고, 일할 때 집중해서 일해야 하죠. 이렇게 하면 일과 휴식의 경계가 없다고 억울해하는 생각을 덜 하게 되는 것 같습니다. 저희 '객석'은 공연예술지라서 오전부터 낮까지는 사무실에서 취재 전반에 관련된 사무를 보거나 취재를 나가요. 저녁에는 공연장으로 두 번째 출근을 하죠. 장르에 따라 다르지만 대개 공연이 평일 오후 10시~10시 반 정도에 끝나요. 11시까지 이어질 때도 있고요. 이런 생활을 반복하다 보니 불규칙하지만 운동도 꾸준히 하고, 건강식품이나 비타민도 챙겨 먹으려고 해요.

빛나는
재능과
좋은 공연을
전하는 일

▶ 남산 연극 센터 우연 극장장 인터뷰

photo by piljoo

▶ 클래식 음악 공연 해설

▶ 피아니스트 조성진 기자간담회

Question 공연 전문 기자로서 뿌듯한 순간은 언제인가요?

저희는 사람들이 잘 모르는 좋은 공연이나 신진 예술가를 취재해 소개하는 경우가 많아요. 그러다 보니 그 공연이 관객들에게 호응을 얻고, 신인 아티스트의 재능이 빛을 발해 많은 이들이 인정하는 예술가로 성장하는 과정을 지켜보는 것에 보람을 느낍니다.

Question 급변하는 미디어 환경 속에서 잡지의 의미와 강점은 무엇이라 생각하세요?

지금은 정보가 넘쳐나는 시대입니다. 속보 전쟁이 심한 이 시대에서 상대적으로 느린 종이 잡지의 차별점은 흩뿌려진 정보를 2차, 3차로 가공해 관점 있는 기사, 심도 있는 기사, 동시에 심미적인 기사를 제공한다는 점이에요. 단편적인 정보를 스크랩하듯 모아 놓은 잡지보다는 시간이 흘러도 두고두고 볼 수 있는 정보를 담은 잡지가 상대적으로 가치를 갖겠죠. 그래서 소장하고 싶은, 마음에 드는 잡지가 돼야 다가올 변화의 흐름 속에서 잡지가 살아남을 수 있는 강점이라고 생각합니다. 국내에도 한 권에 하나의 브랜드만 다루는 '매거진B'나 한 사람의 레퍼런스와 인터뷰를 모은 잡지 등이 많이 생겨나고 있어요.

기자의 개인 브랜드에 대해 어떤 생각을 갖고 계신가요?

일간지와 월간지 중에 이미 브랜드가 된 기자들이 생겼습니다. 저도 긍정적으로 보고 있죠. 이 일을 하면서 지칠 때가 많은데 자신이 브랜드가 되고, 자신이 쓴 기사가 사회에 반향을 일으킬 수 있다면 기자 자신이 롱런할 수 있는 원동력이 될 수 있다고도 생각합니다. 매체도 이른바 스타 기자를 데리고 있는 것이 매체 이미지나 인지도를 강화시키는 데도 도움 된다고 봐요. 오히려 매체가 전략적으로 기자 띄우기를 할 필요도 있다고 생각하죠. 물론 여러 가지 조건이 잘 맞아 떨어져야 하겠지만요.

앞으로의 목표는 무엇인지 궁금해요.

일본에 '츠타야'라는 서점이 있어요. 이곳의 키워드는 '큐레이팅'인데, 도서·CD·DVD 대여점에서 출발한 곳이고 콘셉트는 서점이에요. 하지만 대형 서점처럼 모든 책을 팔지는 않아요. 자신들이 정한 큐레이션(curation: 다른 사람이 만들어놓은 콘텐츠를 목적에 따라 분류하고 배포하는 일)에 맞춰 테마에 맞춘 책을 진열해놔요. 여행 코너에 가면 여행 서적이 있고, 여행 가방, 지도, 여행용품도 팔아요. 심지어 패키지 상품 등 여행 상품까지 팝니다. 키워드와 관련된 지식·정보를 습득하고, 생활부터 소비까지 전부 할 수 있는 곳이에요. 우리나라도 서점에 카페가 입점해 있어서 커피 한잔하면서 책을 볼 수 있고, 책과 관련된 전자 제품을 함께 팔기도 하지요.

저는 공연예술에 관심이 있으니까 이런 복합공간에 공연이나 전시를 더해보고 싶어요. 그런 공간이 하나 정도 있으면 좋겠습니다. 가능하다면 50대쯤 해보고 싶은데 잘 모르겠어요. 아직은 막연한 꿈이죠.

Question 기자를 꿈꾸는 청소년들에게 한마디 남겨 주세요.

두 가지를 말해주고 싶어요. 하나는 앞서 말했지만 '호기심'과 '탐구심'을 갖췄으면 좋겠어요. 주변에서 어른들이 하는 충고나 책에 적힌 말이 항상 옳은 건 아니에요. 그런 부분을 찾았을 때 "마음에 안 들어" 하고 넘어가기보다는 '무엇이, 왜 다른 걸까?', '저 사람은 왜 저 말을 옳다고 하는 걸까?' 하고 고민해보는 시도가 중요하다고 생각합니다. 그런 식으로 생각하려 연습해보는 게 중요해요. 좋다, 싫다는 누구나 판단할 수 있지만 원인, 과정, 결과를 살피는 것은 기자가 해야 할 일이라고 봐요. 그래서 항상 물음표를 던져봐야 하겠죠.

두 번째는 지금 자신이 하는 일에 최선을 다하는 것이 중요해요. 학생으로서 해야 하는 일에 충실해야 합니다. 그것이 공부든, 친구들과 하는 동아리 활동이든, 운동이든, 독서든 학생일 때 겪을 수 있는 경험을 놓치는 것도 아쉬운 일이니까요. 지금 돌이켜보면 경험해봐서 소용없는 일은 없다고 생각해요. 학생으로서 권리와 의무, 책임을 마음껏 누렸으면 좋겠어요.

중학교 시절 게임을 좋아해 게임 잡지 기자를 꿈꿨다. 쉬는 시간에 게임 잡지를 보다가 선생님께서 "너 이런 거 보면 나중에 커서 뭐 될래?"라고 하시자 "게임 잡지 기자 될 건데요?"라고 호기롭게 대답하던 학생이었다. 게임 잡지를 보며 글을 구성하는 법을 익혔고, 삼국지와 해리포터 시리즈를 섭렵하며 긴 글에 익숙해졌다.

고등학생 때는 글에 대한 관심이 제법 높아져 공모전에 나가 상을 받기도 했다. 관심이 성과로 이어진 선순환은 대학생이 되고 나서도 쭉 이어져 독서토론대회에 나가 상을 받거나 대학 내 이슈를 기사화하기도 했다.

한미FTA, 촛불집회, 용산참사 등 여러 현장을 직간접적으로 체험하며 눈물을 흘리던 대학생 금준경은 이제 미디어비평지 소속 기자로 사회를 바라본다.

책을 두 권이나 펴낸 저자임에도 "제가 이런 인터뷰를 할 만한 그릇이 되나요?"라며 손사래 치는 그의 성장이 기대된다.

- -

미디어오늘 미디어팀 기자
금준경

- 현) 미디어오늘 미디어팀 기자
- 오마이뉴스 시민기자 활동
- 중앙일보 대학생칼럼 멘토
- 건국대 커뮤니케이션대학원 진학(현재 휴학)
- 건국대학교 커뮤니케이션학과 졸업(문과대학 부학생회장)
- '저널리즘의 미래' 출간(공동저자)
- '뉴스가 말하지 않는 것들' 출간(공동저자)

기자의 스케줄

금준경
기자의
하루

09:30~
▸ 익일 기사 작성 준비 및 보고

06:00 ~08:00
▸ 조간신문 보도 살피기
및 브리핑 기사 작성

20:00~21:30
▸ 저녁 메인뉴스 방송
모니터링

09:00~09:30
▸ 업무준비 및
업무배분

13:00~19:00
▸ 오후 기사 작성

09:00~12:00
▸ 오전 기사 작성 또는
출입처 회의 참관

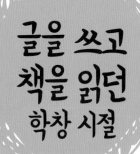

글을 쓰고
책을 읽던
학창 시절

▶ 어릴 적 사진

▶ 대학 시절 토론 대회에서

▶ 어릴 적 사진

간단한 자기소개 부탁드려요.

저는 미디어오늘에서 일하고 있는 금준경 기자입니다. 미디어오늘은 다른 언론 매체를 비평하고 미디어 산업의 구조와 미래에 대해 생각하는 미디어 전문지입니다. 일한 지는 3년 정도 됐고, 미디어팀 소속입니다. 주로 취재하는 분야는 '미디어 혁신'과 '방송통신 정책'이에요. 그래서 방송통신위원회에 출입하며 미디어 환경에 관해 많은 고민을 하고 있습니다.

Question **초등학생 때는 어떤 학생이었나요?**

공부는 잘 못했어요. 구구단을 못 외워서 혼자 학교에 남아 외우고 집에 간 적도 있고, 미술 시간에 만들기를 못해서 남은 적도 있었죠. 하지만 장난기가 많고 사람들과 어울리는 걸 좋아했습니다. 방과 후엔 친구들과 산에 가서 잠자리를 잡거나 칼싸움을 하며 놀던 활동적인 학생이었어요. 학교에서 집까지 걸어서 30분 정도 걸렸는데 집에 가는 내내 친구들과 많이 놀았던 기억이 나네요.

Question **중고등학생 때는 어떤 학생이었나요?**

중학생 때는 게임을 정말 좋아했어요. 플레이스테이션 2를 샀는데 공략집이 필요한 게임이 많아 게임 잡지를 보다가 자연스럽게 게임 잡지 기자를 꿈꾸게 되었죠. 한번은 쉬는 시간에 친구들이랑 게임 잡지를 보고 있었는데 선생님이 잡지를 뺏으며 "너 이런 거 봐서 나중에 크면 뭐 될래?"라고 하셔서 홧김에 "게임 잡지 기자 될 건데요?"하면서 대들었던 기억이 있어요. 책을 많  이 읽는 편은 아니었지만 대신 게임 잡지를 보면서 어떻게 글을 구성해야 재밌을지 알게 됐어요. 삼국지 게임을 하다 관심이 생겨 읽었던 '이문열 삼국지' 시리즈와 해리포터 시리즈 등을 읽으며 긴 글을 읽는 습관을 들였습니다.

고등학생 때는 글에 대한 흥미가 높아져 작문 모임에 들었어요. 교내외 공모전에 나가 상도 제법 많이 받았고요. 글에 대한 관심이 성과로 이어지는 선순환은 대학 입학 후에도 계속됐죠.

 ## 대학생활은 어떠셨나요?

저희과는 커뮤니케이션학과였는데 일반 신문방송학과와 달리 인간의 심리적 측면과 사회 비평도 배웠어요. 기호학 등 철학 범주에 들 수 있는 학문도 수학했죠. 덕분에 종합적인 사고력을 기르는 데 많은 도움이 됐습니다.

전공 공부를 하며 언론이나 사회 현상을 더욱 깊이 들여다보게 됐어요. 기사가 어떻게 만들어지고 어떤 것에 영향을 받는지, 그 이면에서 어떤 권력이 작동하는지에 대해서도 새롭게 알게 되었죠.

당시만 해도 한미FTA, 미국산 소고기 수입 촛불집회, 쌍용차 파업, 용산참사, 화물연대 파업 등 굉장히 많은 사회적 갈등이 있었는데요. 학교가 서울에 있다 보니 실제로 어떤 일이 일어나고 있는지 현장에서 직접 목격하며 사회 문제에 대한 고민을 많이 했어요.

실제 현장에서 일어나는 일과 언론 보도를 비교하며 언론보도의 문제점에 대해 생각해 보기도 했죠.

대학 시절 여러 가지 활동 모습

Question 대외활동도 많이 하셨나요?

언론사를 준비할 당시 저만의 차별화 전략으로 토론하고 표현해 냈던 글들을 여러 매체에 내보내고 공모전에도 도전해보기로 했어요.

3년 동안 학생회를 했는데 학교에서 벌어지고 있던 이슈를 기사로 써 오마이뉴스에 보냈죠. 학교 이슈에만 그치지 않고 사회에 큰 이슈가 생길 때마다 여러 매체에 기사를 써 보냈어요. 한겨레 두 번, 경향신문 한

토론 대회 수상

번, 중앙일보에 두 번 보냈는데 기사화되지 못한 적도 많았습니다. 그래도 사회현상을 보고 기사화하는 좋은 연습이 되었다고 생각합니다. 독서토론대회에도 많이 나갔어요. 'EBS 독서토론대회'에서 동상을 받았고, '전국대학생독서토론대회'에서 2등을 거머쥐기도했죠.

Question 평소 성격과 어떤 분야에 흥미가 있으셨는지 궁금해요.

일단 저는 정치에 관심이 많았습니다. 사회를 이끌어가는 정치가 어떻게 작동되고 무엇이 문제인지 고민이 많았어요. 살아온 지역 때문인지 대학교에 입학할 때만 해도 보수적인 성향이 강했어요. 지금은 많이 바뀌었죠.

게임은 아직도 좋아해요. 지금도 친구들이랑 가끔 PC방을 가곤 합니다.

공감 능력이 좋아서 누가 울면 저도 왈칵 눈물을 쏟는 편이에요. 그래서 그런지 사회 약자, 소수자에 대해 이입이 잘 됐어요. 이런 성격이 기자가 되는데 영향을 미친 것 같습니다.

바른
언론인을
동경하다

▶ 기자로서의 일과

▶ 인터뷰 중인 모습

▶ 지금은 출장 중

기자라는 직업을 선택하게 된
계기가 무엇인지 궁금해요.

기자라는 직업에 대해 동경하게 된 계기를 떠올려봤습니다. 1970~1980년대에 정부를 비판하다가 해직된 기자들이 있었어요. 그들의 삶이 멋있어 보였습니다. 진짜 언론인 같았죠. 그런데 대학생이 되고 갑자기 정부를 비판하다 해직된 언론인들이 생겨나기 시작했어요. 역사 속에서 봤던 일이 현시대에도 일어난 거죠. 그때 정부의 문제도 있지만 우리나라 언론이 아직 완성되지 않았고, 언론이 언론답기 위해서는 싸움이 필요하다는 걸 알게 되면서 기자를 꿈꾸게 되었죠.

기자가 되기까지 어떤 과정을 거쳤고
무엇이 가장 기억에 남나요?

요즘은 정식으로 기자로 채용되지 않더라도 글을 쓰고 영상을 만들면서 자신의 메시지를 전달할 수 있는 방법이 많기 때문에 저는 블로그, 공모전 등을 통해 다양한 경험을 쌓는 데 주력했습니다. 가장 기억에 남는 건 오마이뉴스 시민기자 활동을 하면서 '전국 대학생 기자상'에 도전했던 일입니다. 당시 창덕궁 돌담 부실관리 문제를 처음으로 지적해 최우수상을 받았습니다. 이후 KBS, MBN도 같은 내용을 보도했고, 국정감사에서도 다뤄져 뿌듯함을 느꼈습니다.

Question 기자가 되면 가장 먼저 하는 일은 무엇인가요?

미디어오늘은 미디어비평 전문지이기 때문에 언론보도를 분석하는 공부를 많이 합니다. 매일 새벽마다 아침에 나오는 종합일간지들을 읽고 사건을 어떤 시각으로 바라보는지, 같은 사건이라고 하더라도 시각에 어떤 차이가 있는지, 왜 이런 차이가 발생하는지, 사실을 감추거나 왜곡하는 보도는 없는지 이해하고 검증하는 공부를 합니다.

Question 기자란 어떤 직업이며 기자가 되기 위해 중요한 자질은 무엇이라고 생각하시나요?

사회에선 오늘도 수많은 일이 벌어지는데 무엇이 중요한 문제고, 어떤 것이 문제점이고, 우리 삶에 어떤 의미가 있는지 알려주는 것이 기자의 일이라고 생각합니다.

기자의 일은 우리 삶과 밀접히 연관되어 있어 때로는 우리 사회를 풍족하게 만드는 데 영향을 끼칩니다. 동기 중 한 명이 한 뷔페 브랜드에서 말도 안 되는 임금착취를 한 사건을 기사로 썼던 적이 있었는데요. 그 보도를 통해 수많은 아르바이트생들의 밀린 임금이 지급되고 대표가 사과를 하는 일이 있었습니다. 그때 한 아르바이트생이 정말 고맙다고 동기에게 메일을 보냈더라고요. 기사가 한 사람의 인생을 바꿀 수 있다는 것이 참 와 닿았습니다.

기자가 되려면 어떤 준비를 하는 게 좋을까요?

기자가 되려면 논술, 상식 공부와 기사 쓰는 연습이 등 여러 가지 준비가 필요하죠. 하지만 전 그보다 사회에 관심을 갖고 다양한 사회현상을 직접 체험해보는 게 중요하다고 생각해요

한번은 같이 언론계 취업 준비를 하던 친구랑 같이 스터디를 마치고 우연히 집회 현장을 보게 됐어요. 그런데 그 친구는 집회를 처음 본다는 거예요. 그때 든 솔직한 생각은 '그럼 왜 기자가 되려는 거지?'였어요. 시험 때문에 논술, 상식을 공부해야 하는데 사회에 대한 관심이 없으면 아무런 재미가 없어요. 효율도 떨어지죠. 사회를 위한 기자가 되겠다는 마음가짐이 먼저라고 생각합니다.

좋은 대학을 가고 정해진 코스를 밟는 것도 중요하지만 이렇게 준비하는 친구들은 잘 안 될 수도 있어요. 기자란 직업이 모범답안을 외워서 할 수 있는 직업도 아니니까요.

첫 취재, 혹은 수습 시절의 에피소드를 소개해주신다면?

세월호 사건이 있었던 그해 9월 진도에 갔습니다. 참사 5개월 후였는데 현장에선 기자들에 대한 불신이 정말 심했어요. 유가족들에게 어떻게 말을 걸어야 할지, 나의 말 한마디가 혹여 상처가 되지 않을지 고민이 많았습니다. 결국, 기사는 엉망으로 나왔지만 언론에 대한 유가족들의 불신을 피부로 느끼며 제가 미디어비평지에서 일한다는 사실을 실감했던 경험이었죠.

Question 본인에게 큰 변화를 안겨다 준 경험이 있나요?

촛불집회가 제 인생의 터닝 포인트였어요. 대학교 2학년 때였는데 제가 생각했던 세상과 직접 본 세상은 괴리가 컸습니다. 미국산 소고기 수입에 찬성하느냐 반대하느냐가 아니라 국민들이 불만의 목소리를 내는데 정부가 귀를 닫는다는 게 충격적이었어요. 그런 폭력적인 모습을 보고 세상이 내가 알던 것과 다르고, 모순이 있다고 느껴 다소 보수적이었던 성향이 약간 저항적으로  바뀐 것 같아요. 당시 특정 신문들이 약자의 목소리를 담는 게 아니라 정부나 광고주의 이익을 대변하는 부조리를 보고 불만이 생겨 공부도 많이 하게 됐습니다.

Question 롤 모델이 있다면 누구일까요?

제 은사인 손석춘 교수님입니다. 동아일보 기자를 하시다가 사측의 압박에 저항하셨고, 한겨레 논설위원을 하면서도 회사가 구조조정을 한다고 하자 "어떻게 한겨레 같은 언론사가 구조조정을 할 수 있으냐"며 사직서를 던지고 나오셨죠.

교수님은 수업도 남다르게 하셨어요. 토론을 중시하시고 학생들이 자기 의견을 어떻게 표현해야 하는지 잘 알려주셨죠. 학사구조개편이 한창일 때 학생들이 캠퍼스에서 시위를 하자 수업 중에 "갈 사람은 가라"고 그러셨어요. 그런 상황에서 부담 갖지 말고 나가서 싸우라고 말하는 교수가 얼마나 있겠어요. 언론인으로서, 교수님으로서 존경합니다.

치열하게
고민하며
나아가는
삶

▶ 친구들과 여행 중

▶ 여행을 떠나다

▶ 역시 사진은 음식에 대한 예의!

급변하는 미디어 환경 속에서 '펜 기자'의 역할은 무엇이라고 생각하나요?

중요한 건 기술이 아니에요. 요즘 언론은 영상이 대세라고 하니까 영상을 만들고, 카드뉴스, 퀴즈, VR, AR 기술을 뉴스에 접목시키는데, 중요한 건 콘텐츠의 본질과 저널리즘의 가치죠. 물론 전달 방식도 중하지만 1순위는 아니라고 생각해요.

손석희 jtbc 사장도 미디어 혁신이 말하는 저널리즘은 항상 바뀌었는데, 전통적인 저널리즘은 한 번도 변하지 않았다고 말했습니다. 결국 펜 기자의 역할은 변하지 않았다는 겁니다. 지금 무슨 일이 벌어지고 있고, 무슨 의미를 갖고, 공동체가 어떤 결정을 내리는 게 좋은지 알려주는 역할은 100년이 지나도 결코 변하지 않을 거라고 생각해요. 이건 그동안 미디어 혁신을 취재했던 경험에서 얻은 답입니다.

미디어 교육에 대해서는 어떻게 생각하시나요?

요즘은 뉴스가 정말 많아요. 우리나라에 등록된 언론사 수가 6,000개인데, 쏟아지는 뉴스 중 뭐가 좋은 건지 알아내야 하고, 언급된 사실 중 어떤 부분이 왜곡된 건지 알아낼 수 있어야 하죠. 그래서 미디어리터러시(미디어를 읽고 이해하는 능력)가 요구되는거에요.

영국, 프랑스, 핀란드에서 리터러시에 관한 취재를 한 적이 있는데 선진국은 미디어를 많이 보고 비판적으로 이해하는 걸 가르쳐요. 프랑스는 초중등학교 교재로 언론사 논조 비교 교재를 만들어요. 우리는 학급문고를 만드는 수준인데 이 나라는 어린이 신문을 발행해요. 사회에 대한 사안까지 어린이들이 직접 기사를 쓰죠. 만약 주제가 테러

라면 테러가 왜 발생했는지 알려주고, 어떻게 대처해야 하는지 알려주는 점이 인상적이었어요.

핀란드는 체험을 많이 하도록 합니다. 중고등학교에서 우리나라 대학 커뮤니케이션학 전공 수준의 수업을 진행하죠. 국회의원 후보자 인터뷰 영상을 찍게 과제를 내줬는데, 학생들이 실제 그들 지역구에 출마한 국회의원을 찾아가서 "우리 10대를 위한 공약은 뭐가 있나요?"하고 물어보더라고요. 그렇게 사회를 공부하고 미디어가 왜 중요한지 알아가는거죠. 리터러시는 정치, 사회와 같이 호흡해야 하고, 비판 교육이 이뤄져야 하는데, 우리나라는 NIE라고 해서 신문을 보며 사고력을 기르자는 수준에 그쳐있어요. 비판하고 탐구하는 것보다 피상적으로 글을 써봅시다, 영상을 만들어봅시다 하는 수준이라 아직 갈 길이 멀다고 생각했죠.

이게 펜 기자의 역할과 연결되는 게, 기자는 좋은 리터러시 교재가 돼야 한다고 생각해요. 다양한 뉴스가 파편화된 이 시기에 기자라면 어떤 뉴스가 중요하고, 잘못됐는지 알려줄 수 있어야 하거든요.

 **뉴스 소비를 할 때 좋은 기사를 선별해내는 방법이 있다면요?**

포털은 가장 안정적인 편집을 해요. 논란이 될 만한 건 피하죠. 통신사 기사 비중이 1/3 정도 돼요. 꼭 좋기만 한 건 아닌 게 구체적인 팩트를 알기 위해서 단순히 사실만 나열된 보도만 봐서는 안된다고 생각해요. 파업을 해서 찬반 논란이 일고 있다는 기사가 있다면, 찬성 측은 왜 찬성하고, 반대 측은 왜 반대하는지 알아야 하니까요.

그래서 포털 뉴스는 뉴스 소비의 시작이라고 볼 수 있어요. 포털 뉴스의 장점은 다양한 이념이나 관점의 중간자 역할을 해준다는 것. 가장 안전한 편집이지만 무슨 일이 벌어지고 있는지 파악할 수는 있기 때문에 포털 뉴스를 뉴스 소비의 끝이 아닌 시작으로 삼는다면 '이슈 체크' 하기에는 많은 도움이 될 거에요.

기자의 개인 브랜드화에 대해
어떤 생각을 갖고 계신가요?

'아웃스탠딩'을 인터뷰한 적이 있었어요. 앞으로 '셀러브리티 기자 시대'가 올 거라고 하더군요. 뉴스가 파편화되고 언론사 간판은 무너졌지만 개별 기사의 중요성이 커졌습니다. 앞으로 기자 개인 브랜드가 언론사 브랜드보다 더 중요해지겠죠. 한국에 등록된 언론사가 6,000개에요. 독자들이 정확한 내용을 파악하려면 '내가 믿을 수 있는 기자'의 기사를 보게 되겠죠. 평론가 기자 시대가 돼서 분야별로 인기 있는 기자들이 생길 것 같아요.

기자의 예는 아니지만 MCN(Multi Channel Network; 다중 채널 네트워크)의 대표 주자 '대도서관' 같은 경우는 개인 브랜드가 엄청나게 커졌잖아요. 피키캐스트를 봐도 개별 에디터 브랜드가 엄청나요. 기자도 똑같다고 생각해요. 물론 언론사는 좀 더 경직된 조직이라 변화가 느리지만 기자계의 대도서관도 금방 등장하겠죠.

Question 좋은 언론은 무엇인가요?

언론은 정치권력이나 경제 권력으로부터 간섭이나 통제를 받지 않고, 힘 있는 사람들을 비판하고, 힘없는 사람들의 목소리를 경청하는 역할을 해야 합니다. 그러나 언론사 성격에 따라서 정치권력의 압박을 받거나 광고주인 경제 권력으로부터 자유롭지 않은 경우가 많습니다.

앞으로의 목표가 무엇인지 궁금해요.

'평생 기자'는 안 할 겁니다. 삶은 한 번인데 하나의 직업으로 살기는 허무할 수도 있잖아요? 기자는 10년 정도 해보고 다른 기회가 오면 도전해볼 것 같아요. 평론가를 한다거나 언론시민단체에서 언론의 문제에 대해 전달하는 사람이 될 수도 있겠죠. 다음 행보에 대해 무궁무진한 상상을 하고 있습니다. 무엇이 됐든 지금 하고 있는 일이 베이스가 되겠죠. 기사를 쓰며 얻은 노하우와 고민을 다른 방식으로 전달해보고 싶습니다. 책을 낼 수도 있고 방법은 여러가지겠죠. 가까운 목표로는 기자로서는 "믿고 보는 OOO다"라는 소리를 듣고 싶어요.

기자를 꿈꾸는 청소년들에게 한마디 남겨주세요.

많은 학생들이 기자가 되면 꿈을 모두 이루었다고 생각하는 경우가 있는 것 같아요. 그보다 먼저 어떤 기자가 될지 고민해야 할 것 같습니다. 기자가 된 다음에 나는 어떤 브랜드를 내세울 것인지, 어느 분야에 집중하고 어떤 기사를 쓸 것인지에 대한 고민을 미리 해놓으면 좋겠죠. 물론 입시나 취업 준비로 여념이 없을 테니 쉽지는 않을 겁니다. 하지만 막상 취업 시즌이 되면 모든 언론사에 다 지원하는 경우가 많은데, 앞서 말한 고민을 선행한다면 자기가 좋아하는 분야의 매체를 파악하기가 더 쉽겠죠.

'군대 60번 간 사나이'

소위 '밀덕'이라는 사람들 중 양낙규 군사전문기자를 못 들어본 사람은 없을 것이다. 26개월 현역 복무를 마친 그는 2009년부터 국방부에 출입하며 지금까지 수시로 군대를 다녀오고 있다. 그냥 드나드는 것이 아니라 한참 어린 현역병들과 함께 극한 훈련을 받으면서 말이다.

친구들이 진로와 꿈을 심각하게 고민할 때 그의 꿈은 일찍부터 기자였다. 그래서 옛날 기자들이 많이 입었던 '사파리' 옷을 입고 기자처럼 행동하곤 했다. 자전거 타기를 좋아하던 소년은 마침내 전국을 돌아다니며 사람을 만나고 취재하는 기자가 됐다.

현 직장에서 국방부 출입 제안을 받고 무엇을 해야 하나 고민한 끝에 내린 결론이 바로 '군대 체험'이었다. 수십 개 부대를 다니며 스토리가 쌓이고 라디오, 국군방송, 뉴스, 예능에 출연하며 이야기보따리를 풀었다. 틈틈이 시간을 투자해 책도 썼고 팟캐스트 방송에도 도전했다. 그는 오늘도 전문성을 갈고 닦기 위한 노력을 진행 중이다.

아시아경제 군사전문기자
양낙규

- 현) 아시아경제 군사전문기자
- 국방대학교 국방대학원 석사 과정
- 2007년 아시아경제 이직
- 2002년 기자 업무 시작
- 영어영문학과 졸업

기자의 스케줄

양낙규 기자의 하루

21:00~22:00
▶ 하루 정리 및 퇴근

03:30 ~ 05:00
▶ 기상후 국방부 출근
05:00 ~ 06:00
▶ 아침운동

17:00~18:00
▶ 국군방송 등 라디오 출연
  및 기고, 강의 정리
18:00~21:00
▶ 취재원 저녁약속

06:00 ~ 07:00
▶ 전날 방송 및 조간 기사
  체크
07:00 ~ 10:30
▶ 기사 작성 및 송고

16:00~17:00
▶ 당일 석간지 체크와
  후속보도 여부 및 보고

10:30~11:30
▶ 정규브리핑 참석
13:00~16:00
▶ 다음날 추가 취재

전국을
돌아다니는
기자를
꿈꾸다

▶ 어린 시절 내 모습

▶ 졸업식에서

Question 학창 시절은 어땠나요?

지금 생각해보면 어린 시절에는 소극적인 데다가 공부까지 못했던 학생이었습니다. 하지만 영어나 역사처럼 암기가 필요한 과목은 재미있어했어요. 그리고, 그 또래 아이들은 대부분 친한 친구들끼리 무리 지어 노는 경향이 있는데 저는 소수의 친구들끼리만 노는 것 보다 여러 사람들을 만나고 어울리는 것을 훨씬 더 좋아했죠.

Question 어린 시절의 취미는 무엇이었나요?

자전거 타는 것을 참 좋아했습니다. 당시 안 가본 동네 없이 참 많이 다녔는데, 소극적이었던 제가 그 덕분에 더욱 활발해졌다고 생각합니다. 중·고등학생이 되면서 점점 재미있는 성격으로 변했죠. 사람들에게 말 걸기도 좋아하고요.

Question 기자라는 꿈은 언제부터 정해졌나요?

다른 친구들은 진로나 꿈을 정한다고 심각하게 고민하는데, 저는 진로가 빨리 정해진 편이었어요. 중학생 때부터 제 꿈은 기자가 되는 것이었죠. 부모, 친척, 선생님, 친구들까지 누가 물어봐도 한결같이 '기자'라고 대답했던 기억이 납니다. 정확한 계기가 무엇이었는지는 모르겠지만 TV 드라마 영향을 받았던 것으로 어렴풋이 기억해요.

기자가 되어 전국을 돌아다니며 사람들을 만나는 모습이 어린 시절 자전거를 타고 다니던 제 모습과 오버랩되는 것 같지 않나요? 기자가 매력적이었던 부분은 사람들이 모르는 내용을 글로 알려주고, 그 글이 널리 전파된다는 점이었습니다. 제가 어렸을 때는 지금처럼 궁금한 직업에 대해 알아보거나, 관계자를 만날 기회가 현저히 적었습니다. 그래서 집에 신문이 배달되면 "이 기사는 누가 썼을까?", "이 취재는 누구 작품이지?" 하며 궁금해했어요. 그러면서 기자라는 직업에 대해 조금씩 알아갔죠. 과거에 탐험가나 기자들이 많이 입었던 '사파리'라는 스타일의 옷을 입고 다니며 마치 기자가 된 듯 행동하고 다녔던 기억이 나네요.

Question ## 대학교 전공은 무엇인가요?

기자는 무조건 신문방송학과를 가야만 하는 줄 알았어요. 다른 과목을 전공으로 하더라도 충분히 기자가 될 수 있는데, 그때는 물어볼 곳도 알아볼 곳도 거의 없었습니다. 지금 생각하면 많이 아쉽죠. 원하던 학과에 떨어져서 재수를 두 번이나 하고 지방대에 친구와 원서를 쓰러 간 날, 학교 게시판에 학보사 수습기자모집 공고를 발견했습니다. 아무것도 모를 때라 학보사가 있는 유일한 학교인 줄 알았죠.

"이 학교에서는 기자 일을 배울 수 있겠다"라는 두근거림에 무작정 뛰어가서 학보사 접수부터 했답니다. 성적이 나쁘지 않아서 다른 학교에 갈 수도 있었지만, 이런 사정 때문에 이 학교에서 장학금을 받고 영어영문학을 전공하게 됐죠.

Question ## 학보사 생활은 어떠셨나요?

학교를 열심히 다닌 편은 아닌데, 수업에는 출석을 안 하더라도 학보사는 열심히 출근했어요. 학보사 활동이 재밌었지만 마음 한켠에는 선배들이 알려주는 그 이상을 배워보고 싶다는 생각도 있었죠. 방학 때는 서울의 한 인쇄소를 찾아가서 무보수로일했어요. 학보사 가입 신청을 할 때처럼 무작정 달려갔죠. 신문사와 인쇄소가 연결돼 있었기 때문에 인쇄소 일이 정말 큰 도움이 됐습니다. 열심히 일하다 보니 선배님들이 많이 예뻐해 주셨어요. 용돈도 받았죠.

Question 졸업 후에는 바로 기자 입사 준비를 하셨나요?

늘 준비하고 있었어요. 학창 시절 IMF구제금융사태로 국가 경제가 위기에 빠진 시절이 있었는데, 아버지께서 학교를 그만 두고 군대에 가라고 하셨죠. 일반병으로 바로 입대했는데 강원 도 산골에서 근무하느라 무척이나 힘들었지만 컴퓨터를 사용할 수 있어서 좋았습니다. 그때만 해도 컴퓨터가 익숙하지 않은 세 상이었으니까요. 기자가 되려면 컴퓨터를 꼭 활용할 줄 알아야  겠다는 생각이 들어 날마다 자판 연습을 하고, 화장실에서 영단어를 외웠어요. 복무 중이지만 제대 후 기자가 되기 위해 필요한 것들을 계속 준비했습니다.

Question 평소 어떤 성격의 사람인가요?

철저하고 계획적입니다. 어떻게 보면 고지식하기도 하지요. 그래서 타이밍을 놓치면 힘들어 하는 편이에요. 그런데 이런 성격이 제 꿈을 달성하는 데 좋은 밑거름이 됐던 것 같아요. 많은 사람들이 꿈을 막연하고 막막하게 생각합니다. 저는 5년 차, 10년 차 계획을 세우고 그 사이에 무엇을 할 것인지 구체적인 계획까지 세워요. 물론 살아가면서 계획이나 꿈을 놓칠 때도 있지 만 포기하지 않고 다시 잡아가는 게 중요한 것 같습니다. 저는 항상 주말에 그다음 주의 계획을 세워요. 시간이 지난 뒤 돌아보면 성장해 있는 자신을 볼 수 있습니다.

군 생활이 군사전문기자가 되는데 영향을 주었나요?

아니요. 군대 생활은 정말 힘들었어요. 고참을 대하는 것도 힘들었고, 나라가 어려운 시기라 면회 오는 사람도 많이 없어서 심적으로도 힘들었죠. 하루하루 제대만 바라보고 있었어요. 하루는 가족들을 놀래 주려고 휴가 사실을 알리지 않고 집으로 찾아갔어요. 그런데 문을 두드리니 다른 사람이 나오더라고요. 무척 놀랐는데 그사이에 집이 다른 사람에게 넘어가 버린 것이었습니다. 가족들은 제가 군대에 있으니 미리 말하지 않았던 거고요. 그 시기가 참 힘들었죠.

Question **제대 후에는 어떻게 생활하셨나요?**

어느 날, 아버지께서 커서 무엇을 할 것인지 물어보셨어요. 고민도 없이 기자를 하겠다고 말씀드렸죠. "그러면 서울을 가야지." 하시며 5만 원을 주셨어요. 친구와 술 한잔하고 3만 원을 들고 혼자 상경했는데 마침 비가 주룩주룩 내리던 날이어서, 친구 집에 재워달라고 부탁했던 기억이 납니다.

직업을 소개해주는 '벼룩시장'이라는 신문이 있었는데, 날마다 '벼룩시장'을 보며 일할 곳을 찾았습니다. 돈을 벌어야 했으니까요. 세차장도 가고, 공단에서도 일 해봤는데 나중엔 호텔 철판요리점에 취직했어요. 대학교 룸메이트가 한식자격증 보유자였는데, 저도 덩달아 취득해뒀었거든요. 첫 월급이 35만 원 정도였는데 돈을 많이 벌어야겠다는 생각이 많아서 오토바이 면허를 취득해 야식 배달도 했습니다. 잠을 줄여가며 일했죠. 시간이 지날수록 실력이 쌓이고 팁도 받으며 제법 많은 돈을 벌기도 했었습니다.

기자에 대한 꿈을 잠시 접었던 건가요?

당시는 돈이 너무 없어서 일단 열심히 돈을 벌어야겠다는 생각이 들었던 것 같습니다. 하지만 어느 순간, 내가 이 돈에 안주하면 안 될 것 같다는 생각이 들었어요. 아직 젊었었고 나름 재미있게 일했는데 왜 갑자기 그런 생각이 들었는지 모르겠습니다. 아마 확고한 꿈이 있기 때문에 조금 힘들어도 다시 제 길로 돌아가려고 노력했던 것 같아요. 어느 정도 돈을 모아 고시원에 들어갔고, 6개월 정도 치열하게 공부해서 규모 있는 신문사에 입사했습니다.

유일한
분단국가에서
꼭 필요한
소식

▶ 바다에서 입수 전 엄지 척!

▶ 공군 체험 훈련

▶ 공군 체험 훈련

Question 기자라는 꿈을 이루신 후 기분이 어떠셨나요?

　처음에는 정말 기뻤어요. 하지만 일을 하면서 신문사마다 성격이 많이 다르다는 것을 깨닫게 되었습니다. 또 신입기자는 힘든 생활의 연속이기 때문에 많이 힘들었죠. 간절한 꿈을 이룬다고 해서 마냥 행복한 삶만이 펼쳐질 것이라고 생각할 때가 있죠. 하지만 현실은 어떤 일이든 힘든 점은 존재하지만, 그것이 내가 정말 좋아하는 일이기에 힘든 순간도 버틸 수 있는 힘이 생기는 것 아닐까요.

Question 기자가 된 후 주변의 시선은 어떠했나요?

　부러움을 많이 받았죠. 특히 하고 싶은 일을 월급까지 받으면서 한다고 말이에요. 하지만 이상과 현실은 다를 수가 있답니다. 저도 기자가 되기 전에는 이렇게까지 힘이 들 줄은 몰랐습니다. 하지만 제가 원하는 일을 하니 정말 재미있어요. 만약 기자가 억지로 하는 일이라면 절대 못 했을 것 같아요. 기사를 쓰는 것은 힘든 일이지만 매일 스스로 더 좋은 기사를 쓰고 싶어서 고뇌의 순간도 즐기고자 노력하고 있답니다.

Question 수습기자는 어떤 일을 하나요?

　수습기자는 보통 지역을 배정받습니다. 예를 들어 노량진 담당이라면 노량진 구청, 소방서, 학교 등을 모두 관리하는 셈이죠. 수습 때 새벽 4시에 출근해서 새벽 2시에 퇴근하는 생활이 이어졌어요. 지금 생각해보면 어떻게 버텼나 싶네요. 휴식 시간이 하루 2시간 정도여서 집 대신 담당 경찰서 숙직실에서 눈을 붙이고는 했습니다.

Question 수습기자 시절 에피소드가 있나요?

일을 시작한 지 두 달 정도 지나 한창 힘들 때였어요. 여러 일들이 겹쳐서 지쳐있었는데 회식 자리에서 술을 너무 많이 마시게 됐습니다. 제 의지보다 상사들이 권하는 술도 있으니 거절하기 어려웠죠. 그날 필름이 끊겨서 다음날 눈을 떠보니 해는 중천이고 저는 찜질방에 있더라고요.

더 아찔했던 일은 그사이에 당시 화제였던 사건의 범인이 제 담당 구역에서 검거된 거예요. 이래서는 안 되겠다는 마음이 들어 다른 신문사로 옮겼습니다. 지역 신문사였는데 지면을 구성하는 편집기자로 일했어요. 그곳에서 7년 정도를 보냈죠.

Question 기자의 종류와 구분은 어떻게 되나요?

크게 신문기자와 방송기자가 있습니다. 신문기자를 더 살펴보면 취재기자, 편집기자, 교열기자 등 다양하죠. 기자별 전문분야도 다르고요. 지역지에서 오래 일하며 많이 배우고 경험도 늘었지만 특정 지역을 다루다 보니 시야가 좁아진다는 생각이 들었어요. 그래서 지금의 신문사로 오게 됐고 전문기자로 발돋움할 수 있었습니다.

Question 그렇다면 군사전문기자가 된 계기는 무엇인가요?

지금 다니는 신문사에서 2년 정도 일했을 때 국방부에 출입해보라는 제안이 왔습니다. 개인적으로 군대 관련 사진이 참 멋있어 보여서 관련 서적도 많이 읽으며 기사로 쓰던 때였죠. 그랬던 노력이 마침 눈에 띈 거예요. 스스로도 전문성 있는 기자가 되고 싶은 마음도 있었고요. 의학전문기자는 의사면허가 있거나 관련 과목을 공부해야 하는데, 저는 무엇을 해야 할까 고민하다가 군 체험을 하자는 결론을 내렸습니다. 각 군부대를 방문해 천리행군 같이 힘든 훈련을 함께하고 몸소 느낄 수 있었어요. 그런데 국방부는 국방부 기자단이 존재해요. 여기 가입하는 게 쉽지 않았습니다. 검증 과정만 6개월이 걸렸죠. 투표해서 만장일치가 나와야 하는데 천신만고 끝에 5년 만에 처음으로 국방부 기자단에 새 일원으로 가입한 사람이 저였습니다.

Question 몇 개 부대의 훈련을 체험했나요?

60여 개 부대를 다닌 것 같아요. 실제와 같은 현장감 있는 취재를 위한 일이지만, 저만의 기준을 세웠습니다. 첫째, 훈련에 방해되면 안 된다. 둘째, 작전에 방해가 되는 훈련은 안 된다. 마지막으로 위험한 것은 안 된다는 것이었죠. 제가 위험해지는 것보다, 저로 인해 국군장병들이 위험해지면 안 되니까요. 때때로 궁금하고 도전하고 싶은 훈련이 있어도 이 원칙에 맞춰 신중히 결정하고 있습니다. 감사하게도 이렇게 땀을 흘리면서 기사를 쓰니 현장감 넘치는 내용을 전할 수 있었고 제 기사를 관심 있게 봐주시고 응원해주는 분들이 갈수록 많이 생겼어요. 지금은 제 홈페이지나, 어플 등을 통해 더욱 많은 분들과 소통하려고 노력하고 있습니다.

다양한 상황을 만나는 기자업무가 위험하지는 않나요?

　스스로의 목표를 위해, 그리고 나라를 위해 한 길을 가는 사람인데 두려울 것은 없어요. 제가 군 전문기자라서 업무가 위험하다고 생각할 수 있지만, 결국 나라를 위한 일에 도움이 된다는 것을 아시기 때문에 지금은 많이 도와주신답니다. 그보다 제가 기사를 틀리게 써서 독자들에게 혼이 나는 게 더 무서운 것 같네요.

비판자에서
보듬어주는
이로

▶ 특전사들과 함께

▶ 군대체험! 의장대

▶ 훈련 체험 중

Question 기자생활을 하며 가장 많이 느끼는 것은 무엇인가요?

기자라는 직업의 특성상 무수히 많은 사람을 만납니다. 하지만 매번 느끼는 것은 모든 사람에게서 배울 점이 있다는 것입니다. 모두 같은 사람이지만 어떤 소속 안에서는 당연히 낮은 직급부터 최고위층까지 나뉠 수밖에 없지요.

이등병에서부터 장관까지 모든 사람들은 직책과 직위에 맞게 말투나, 시각이 전혀 달라요. 그래서 늘 취재를 하는 대상에게 참 많이 배웁니다.

Question 현장에서 있었던 에피소드가 있나요?

천리행군이라고 하는, 정말 긴 거리를 무거운 짐을 들고 걸어가는 훈련이 있는데 아무래도 저는 현직 군인보다 체력이 떨어지다 보니 가끔 제 몫의 물을 다 마시고 함께 하는 군인들의 물을 얻을 때가 있지요. 상상해보세요. 내리쬐는 태양 아래 긴 행군 중 잠시 쉬는 산 정상에서 마시는 물 한 모금을요. 어떠한 돈보다 귀하답니다. 더 대단한 것은 그 소중한 물을 나누어주는 마음이지요. 물론 훈련이 끝나고 나면 늘 감사 표시를 하지만, 이러한 훈련을 통해 늘 감사와 소중함을 느끼게 됩니다.

Question 군사전문기자로서 전문성을 기르기 위해 특별히 더 노력하는 부분이 있나요?

대한민국은 유일한 분단국가죠. 아이러니하게도 이 분쟁에 대해 당사자인 우리가 가장 잘 알아야 하는데, 오히려 해외에서 더 많은 정보를 알고 있습니다. 그래서 지역분쟁에 대해 더 깊이 있게 공부하고 싶어요. 영어 공부도 손에서 놓지 않고 있고, 종합적인 시각을 가질 수 있도록 꾸준히 노력하고 있습니다.

Question 방송 프로그램에 출연하게 된 계기는 무엇인가요?

처음에는 라디오나 국군방송, 뉴스에 종종 나갔어요. 그러다 종합편성채널이 생기면서 다양한 프로그램이 생겼고, '용감한 기자들'이라는 프로그램을 통해 군사전문기자로 더욱 이름을 알릴 수 있었습니다. 다양한 활동을 하는 이유는 스스로의 브랜드를 위한 것이기도 하고, 또 하나는 언론에 대해, 그리고 군이나 국방에 대해 알려주고 싶은 마음 때문에 자연스럽게 외부 활동도 하게 되는 것 같아요.

Question 기자로서의 삶이 힘들 때는 언제인가요?

글을 통해 사람이 다칠 경우에 이런 생각이 들곤 합니다. 보통 마음을 다치는 경우가 많은데, 직업 특성상 의혹이 있으면 밝히려고 하고 이것을 글로 쓰게 되죠. 하지만 나중에 그 기사가 사실이 아닐 때 글의 당사자는 돌이킬 수 없는 상처를 받는 경우가 생긴답니다. '펜이 칼보다 강하다'는 말이 있는데 기자에게도 적용되는 말인 것 같네요.

그래서 보통 추측이나 의혹을 제기하는 기사에는 이니셜을 활용하기도 하지요. 하지만 이런 부분을 늘 걱정하면 어떤 의혹에 대해서도 글을 쓰기 어렵겠지요. 기자의 본분에 대해 생각하고 끊임없이 사실관계를 밝히려고 최선을 다하며 글을 쓰는 것이 더욱 중요한 것 같습니다.

Question '첨단무기의 세계'라는 책을 쓰셨는데, 어떤 책인가요?

'책을 꼭 써야지.' 하고 준비한 것은 아닙니다. 첨단무기에 대해 한 꼭지씩 연재하던 기사였는데, 우연히 출판사로부터 연락을 받았어요. 이러한 정보를 다루는 사람이나 정보가 많이 없다 보니 제게 연락이 왔겠지요. 덕분에 첨단무기에 대해 간단하지만 많은 사람들에게 알리는 기회가 된 것 같네요.

Question 기자로서 다양한 활동을 하고 계신데 또 다른 목표가 있나요?

인생의 반환점을 돌고 싶습니다. 지금은 기자라는 직업에 충실하게 비판자로서의 역할을 더욱 많이 하고 있지요. 하지만 남은 시간은 비판자가 아닌 오히려 보듬어주는 사람으로 살고 싶네요. 아마 50대쯤 되면 가능하지 않을까요? 현재 공부하고 있는 군 관련 분야를 더욱 깊이 있게 알게 되어 군사전문가를 키우는 일을 하고 싶습니다. 전문가가 될 수도 있고 교수가 될 수도 있겠지요. 대한민국 군대를 사랑하는 만큼 군인에게 도움이 되는 교육을 하며 살고 싶습니다.

청소년들에게 진로에 대해 조언해주세요.

'나의 꿈'을 이루는 것이 가장 중요합니다. 하지만 나의 꿈이 과연 타인에게도 도움을 줄 수 있는 꿈인지 한 번 돌아보았으면 합니다. 예를 들어 의사가 꿈이라면 돈을 많이 벌기 위함이라는 목적보다, 사람을 치료하는 것에 더욱 집중해서 꿈을 준비해보면 어떨까요? 그것이 더욱 행복한 삶을 살 수 있는 방법이라고 생각합니다. 꿈이 나만의 욕심을 위해서만 존재한다면 어느 순간 하고있는 일에 대해 후회의 감정이 생기는 경우가 많습니다. 그러나 나를 위해, 동시에 또 다른 사람을 위해 꾸는 꿈은 보람을 느끼게 해 준답니다.

진로에 대해 고민하는 친구들에게 도움이 되는 방법은 무엇인가요?

책을 많이 읽어보라고 이야기하고 싶네요. 물론 실제로 다양한 사람들을 만날 수 있다면 좋겠지만 학창 시절에는 어려운 일이죠. 책 속에서 얻는 간접경험을 통해 사람들을 만날 때 더욱 깊이 있게 이야기하고 배울 점을 찾을 수 있다고 생각합니다.

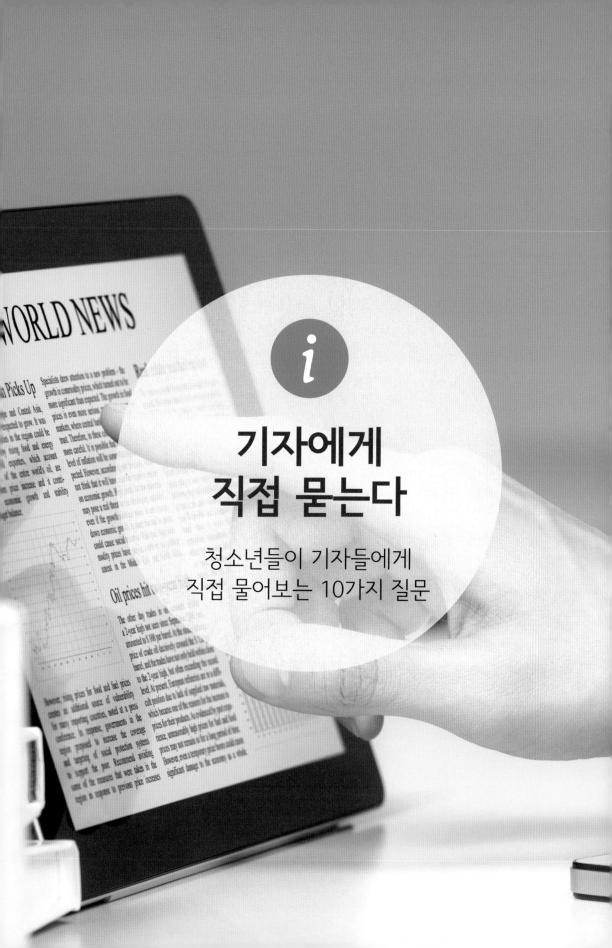

기자에게
직접 묻는다

청소년들이 기자들에게
직접 물어보는 10가지 질문

기자가 되고 싶은 학생들이 글을 쓸 때 명심할 부분이 있다면 무엇인가요?

글을 쓰려면 현란한 기술, 좋은 문체를 가져야 할 것 같아서 기교를 많이 부리게 돼요. 하지만 그건 착각입니다. 기사는 콘텐츠고, 그 속에 경험과 관점이 있어야 해요. 그게 말이든 글이든 영상, 소리든 똑같죠. 기자가 되고 나서도 글솜씨보다 정리를 잘하는 것, 쉽게 전달하는 능력이 중요하더라고요.

글을 길게 쓰는 것이 너무 어려워요. 긴 글을 잘 쓰는 방법이 있나요?

긴 글을 쓰려면 짧은 글 연습이 필요해요. 중·고등학생은 입시로 바쁘고, 대학생은 학점 관리, 취업 준비로 바빠서 사회가 요구하는 수준까지 능력을 갖추기는 어렵겠지만 짧은 글부터 꾸준히 연습해서 잡지 기사 분량의 글을 쓸 수 있게 된다면 좋을 것 같아요. 길어진 분량을 풍성하게 채우려면 책도 많이 읽고 글을 쓰기 위해 조사도 철저하게 해야겠죠? 그러면 내용도 많이 깊어질 거예요.

기자가 되기 위한 경쟁률이 너무 높다고 하는데, 꼭 언론고시를 봐야 하나요?

언론고시를 통해 언론사에 입사하는 것이 가장 순탄한 입문 단계라고 볼 수 있습니다. 하지만 최근에는 언론고시를 보지 않고도 자유롭게 기자로서 활동할 수 있는 문이 열려 있어요. 최근 보면 온라인 매체나 유튜브, SNS 등이 활성화되면서 다양한 형태로 활동하는 기자들을 많이 볼 수 있습니다. 굳이 언론고시에 대한 중압감을 가질 필요는 없다고 생각합니다.

모바일, SNS가 발달하면서 뉴스 콘텐츠는 어떻게 변화하고 있나요?

언론이 추구해야 하는 가치는 '정확성'과 '깊이'입니다. 깊이 있는 내용을 어떤 형식을 통해 다루어 대중의 흥미를 유발하느냐는 모든 언론이 해결해야 할 과제죠. JTBC의 '소셜라이브'나 뉴미디어 실험을 정답이라고 단정할 수는 없어요. 그래도 계속 시도해야 하는 이유는 정답을 찾아야 하기 때문이죠. 언론은 끊임없이 대중의 요구에 맞게 뉴스의 형식을 바꾸는 노력을 이어가야 합니다.

 **가짜뉴스가 사회적으로 큰 문제가 되는 요즘, 대중은 뉴스를 어떻게 소비해야 할까요?**

　이제는 많은 분들이 느끼고 있겠지만 모든 보도와 기사를 비판적으로 소비해야 합니다. 특정 기사나 기자, 프로그램, 유튜브 채널을 맹신하지 말고 다양한 매체를 비교, 대조해 가며 수용하는 노력이 필요하죠. 언론은 당연히 확인된 사실을 바탕으로 정확한 기사를 써야 하겠고요. 하지만 요즘은 사건 하나에도 수많은 기사와 정보가 쏟아지기 때문에 대중의 비판적인 수용이 더욱 강조됩니다.

 **기자가 되면 술을 많이 마신다는데 정말인가요?**

　언론계 특성상 술을 많이 마시는 경우가 종종 있지요. 그래도 저보다 선배들이 일하시던 시절에 비해 술을 강요하는 문화는 많이 사라진 편이에요. 술을 요령껏 줄일 필요도 있습니다. 술, 담배는 분야를 떠나 건강을 위해 피해야 할 적이죠.

> **독자에게 좋은 정보를 주기 위한
> 취재 팁이 있다면 알려주세요.**

이건 회사 선배가 알려준 건데요. 취재 나가서 질문 하나는 꼭 하라고 조언하셨어요. 그렇게 해야 자신이 조금이라도 성장한다고요. 그래서 저도 꼭 한 가지 이상은 질문을 하고, 질문을 정할 때도 독자 입장에서 무엇이 중요한지 고민해서 상투적이지 않고 예리한 질문을 고르려고 노력하죠.

> **기자는 출퇴근이 자유롭나요?**

다른 회사처럼 출퇴근 시간이 정해져 있기는 하지만 상황에 따라 24시간 내내 업무에 묶이는 경우도 있습니다. 스포츠부의 경우 해외스포츠가 중요한 기사 주제인데 외국 시간에 맞춰 기사를 쓰려면 어쩔 수 없이 밤늦게 또는 새벽에 일을 해야 하는 경우도 있습니다. 올림픽이나 월드컵 같은 큰 대회가 열릴 때는 밤낮 가리지 않고 24시간 동안 일을 하기도 하죠. 기자는 기본적으로 업무 강도가 높은 직업이에요.

기자의 수입은 어느 정도인가요 ?

연차나 경력에 따라 천차만별이지만 저의 경우는 2002년 입사를 기준으로 현재 대기업 과장에서 부장급 정도입니다. 물론 방송이나 강연 등의 부수입은 별도이고요. 하지만 모든 기자들이 외부활동을 하는 것은 아니고 소속 신문사의 형태마다 수입은 많은 차이가 있답니다.

언론사를 선택해서 들어갈 수 있다면 좋은 기준은 무엇인가요?

어느 직장이나 마찬가지겠지만 배울 것이 있는 사람들과 자유로운 분위기에서 자기가 하고 싶은 일을 하는 것이 발전도 빠르고 삶의 질도 높아집니다. 언론은 그런 점에서 사회 곳곳의 현장을 익히고 전문가나 사회 지도급 인물들을 만나 관계를 맺고 배운다는 이점이 있어요. 대신 조직 안에서는 자유롭지 못하고 명령과 지휘에 따라 움직이는 수동적인 면도 강합니다. 결국, 좋은 언론이란 언론사의 규모나 급여 대우 이전에 자신이 많이 배우고 발전할 수 있는 곳이어야 합니다. 그 언론사에서 배우고 훈련을 받았다고 할 때 다른 언론사나 사회에서 어떤 평가를 하느냐도 고려할 점입니다.

CHAPTER

| 3 |

예비 기자
아카데미

우리나라 미디어 교육의 질을 높이기 위한 키워드

미디어 리터러시

'리터러시'(literacy)의 사전적 의미는 '읽고 쓰는 능력'입니다. '미디어 리터러시'를 단순하게 해석해보면 '미디어를 읽고 쓸 수 있는 능력'이라고 할 수 있겠는데요. 단순해보이지만 사실은 굉장히 넓은 개념입니다.

스마트폰이 처음 생겼을 때 기존 휴대폰과 다른 사용 방식에 적응하는 시간이 필요했습니다. 스마트폰 기능이 어떻고, 어떤 식으로 활용해나가는지 알아가는 과정 역시 매체 변화에 따른 미디어 리터러시에 해당합니다. 새로운 디지털카메라가 출시될 때도 마찬가지죠.

미디어가 변화하면 그 속에서 생산되는 뉴스의 성향도 변합니다. 글로만 전달되던 신문 기사는 보도사진이 등장하면서 사진과 텍스트를 동시에 해석해야 하는 콘텐츠로 바뀌었습니다. 글과 사진은 방송국이 등장하며 말과 영상으로 변신했습니다. 스마트폰에서 소비되는 뉴스 영상은 1분 내

외로 분량이 줄었고, 기승전결 없이 중요한 장면만 따로 편집해 구독자들에게 공급하기도 합니다. 스마트폰 시대에 신문 기사는 블로그 타입이나 카드뉴스라는 트렌드를 만들기도 했습니다.

미디어 리터러시를 '뉴스'라는 장르에 제한해 생각해보자면 크게 두 가지 중요한 포인트가 있습니다. 하나는 앞서 밝힌 변화하는 콘텐츠를 읽고 해석하는 능력이고, 다른 하나는 뉴스를 비판적으로 이해, 분석하는 능력입니다. 스마트폰 시대에 스마트폰으로 뉴스를 볼 줄 알아야 할 뿐 아니라 모바일에 제공되는 뉴스가 어떤 구성으로 메시지를 전달하려하는지 독자 입장에서 알 필요가 있기 때문입니다.

그동안 우리나라의 미디어 리터러시는 '방송국 체험, 기술적 교육', '신문의 구성과 활용'에 초점이 맞춰져 있었습니다.

미디어오늘 금준경 기자가 국내 미디어 리터러시를 정리한 기사를 보면, 김성해 대구대 신문방송학과 교수의 말을 인용해 "지금까지의 미디어 교육은 시청자들에게 어떻게 하면 TV를 잘 보게 해줄까. 어떻게 하면 종이신문을 더 많이 팔아볼까. 이런 식으로 접근해왔다"며 "뉴스에 대한 교육, 뉴스를 비판적으로 받아들이고 뉴스로부터 자신을 지키는 교육을 해야 한다"고 말합니다.

뉴스를 비판적으로 이해하기 위해서 다양한 기준으로 기사를 대조해보는 교육이 중요합니다. 언론재단에서 제작한 교과과정 시안에는 '수익구조유형이 서로 다른 언론사 뉴스 비교', '종이신문과 언론사닷컴 뉴스 비교' 등이 포함돼있습니다. 국내 미디어 리터러시 교육의 역사는 길지 않습니다. 아직 많은 보완이 필요하지만 기자를 꿈꾸는 청소년들이 참고할 만한 프로젝트 역시 진행되고 있습니다.

<한겨레>와 <중앙일보>의 사설을 비교하는 코너 '사설 속으로'

동일한 주제를 가지고 작성된 중앙일보와 한겨레의 사설을 비교해 두 신문사의 관점을 알아보고 한 사안에 대한 다양한 시각을 기르는 기획 코너입니다. 남북관계·임금피크제·김영란법·청년실업률 등 우리 생활과 밀접한 주제부터 그리스 국민투표·프랑스 언론 테러 등 세계적 이슈까지 다루고 있습니다. 사고력 향상을 목표로 하는 NIE와 비교하면 비판적 뉴스 읽기를 연습하기에 효율적입니다. 2016년 2월에 <아하! 사설 속으로>라는 책으로 출판됐습니다.

1. 프랑스

프랑스는 국가 차원에서 미디어 리터러시 교육이 이루어집니다. 1983년에 설립된 교육문화부 산하 국립미디어센터 '끌레미'(CLEMI)에서 미디어 교육을 전담하는데요. 미디어교사 양성부터 교육 프로그램 제작, 미디어 교육 활성화를 위한 전국 규모 행사 등을 담당합니다. 끌레미는 정부 산하 기관인데도 정치적 압력을 거의 받지 않는 게 특징입니다. 덕분에 설립 후 약 30년간 정권이 바뀌어도 교육 프로그램의 방향은 변하지 않았습니다.

끌레미가 양성하고 있는 미디어교사는 약 6만 3,000명에 이릅니다. 프랑스 전역 학교 도서관 사서를 겸하는데 일반 교과목 교사와 함께 수업을 진행하기도 합니다. 역사 수업에서 2차 세계대전을 배운다면 관련 기사를 찾고 토론합니다. 기사에 쓰인 그래픽이나 설문 수치를 보고 수학이 어떻게 기사에 활용되는지 알려주는 식이죠. 이때 항상 여러 미디어를 비교하면서 기사별 차이점을 배우고 차이가 나타나는 원인을 생각하게 합니다.

학생들이 만드는 모든 학급신문은 끌레미로 모이는데 내용이 결코 가볍지 않습니다. 팔레스타인과 이스라엘 분쟁, 러시아 푸틴 정권 등 민감한 이슈를 다루는데 거리낌이 없습니다. 끌레미의 디비나 국장은 미디어 리터러시를 통해 시민의식이 향상됐다고 평가하고 있습니다.

2. 미국

뉴욕주 스토니브룩대학교의 '뉴스 리터러시 센터'가 미국의 대표적인 미디어 리터러시 교육 사례입니다. 이 센터는 매해 1만여 명의 학부생, 고등학생, 일반인을 대상으로 미디어 교육을 진행하고 있습니다. 뉴스 리터러시 센터의 핵심은 뉴스가 어떻게 만들어지는지 알려주고 실무 능력을 함께 교육하면서 보도물을 접했을 때 신뢰할 만한 정보인지 판별하는 눈을 기르는 것입니다.

나아가 중고등학생을 대상으로 '뉴스 리터러시 프로젝트'를 진행하는데요. 선생님들과 언론인이 함께 참여합니다. 정보가 포화 상태인 현시대에 뉴스를 똑똑하게 이해하는 방법을 알려주는데, 광고 속에서 검증된 정보를 식별하거나 신뢰할 수 있는 언론은 무엇인지에 대한 질문을 던집니다.

뉴욕에 위치한 한 고등학교는 지난 2013년 미국 슈퍼볼 폭스바겐 광고를 활용해 학생들의 공감능력을 키우기도 했습니다. 광고에 등장하는 낙천적이지만 우스꽝스럽기도 한 자메이카 사람들을 보며 어떤 학생들은 단순히 재미를 느꼈고, 어떤 학생들은 광고 속 편견을 느끼고 불편해했습니다. 두 집단이 서로의 의견을 공유하면서 하나의 콘텐츠가 사람에 따라 어떻게 받아들여지는지 가르쳤던 유명한 사례입니다.

3. 핀란드

핀란드는 가장 먼저 미디어 교육을 시작한 나라입니다. 가장 먼저 국가 차원에서 디지털 환경에 맞는 미디어 리터러시를 제안한 나라이기도 합니다. 1950년대에 NIE(신문활용교육)를 도입했지만 학생 선호도에 맞춰 이제는 블로그 글이나 인터넷 커뮤니티에 게시된 글도 좋은 콘텐츠라면 수업 교재로 활용하고 있습니다.

2016년부터 핀란드는 '멀티 리터러시'를 의무적으로 가르칩니다. 대중이 다양한 채널로 미디어를 소비하기 때문에 과거처럼 한두 가지 플랫폼만 갖고 효과적인 미디어 교육을 진행하기 어렵기 때문입니다. 새 교육과정에 컴퓨터 프로그래밍과 코딩이 필수 과목이 되고 디지털 도구를 활용한 수업도 확장시키고 있습니다.

핀란드의 미디어 교육은 '복지' 개념입니다. 학생들만 배우는 게 아니죠. 교육은 정부기관인 국립시청각센터와 시민단체 핀란드미디어교육협회를 중심으로 진행됩니다. 학교는 미디어 교육을 정규 교과에 편성하고 신문협회는 학생기자 활동의 기회를 주며 NIE 자료를 제공합니다. 방송국 수준의 인프라가 구비된 청소년센터에서 방과후 교육을 맡고, 대학은 교육방법론을 연구하고 커리큘럼을 분석합니다. 공공도서관에서는 어린이부터 노인까지 폭넓게 평생교육을 진행합니다. 미디어 리터러시의 역사가 길고 풍부한 교육 경험을 자랑하는 나라답게 교육 네트워크가 가장 튼튼하게 구축돼있습니다.

4. 영국

영국 미디어 교육의 시작은 영화입니다. 약 80년 전인 1930년대에 이미 영화 감상을 통한 미디어 교육이 진행된 나라입니다. 영국은 중·고등교육과정에서 미디어 연구, 영화 연구, 미디어 등이 전공과목이나 선택 과목으로 편성돼있습니다. 미디어 과목이 아닌 역사나 예술, 사회학 등에서도 미디어가 다양하게 활용됩니다.

미디어 과목은 비판적 분석 능력, 창조적 제작 능력, 문화적 이해 능력이 평가 기준입니다. 영국은 일선 학교들이 주도적으로 미디어 교육을 진행하지만 학교 안에서 해결하기 어려운 영역은 영국영화연구소나 영어미디어센터 등 기관과 연계해 진행하고 있습니다. 영국의 미디어 교육 인프라는 어렸을 때부터 미디어와 친숙해지고 직접 만들어볼 수 있는 기회를 제공합니다.

여러 미디어 교육이 신문 기사나 방송 뉴스를 소재로 비교 분석하는 방식을 택하고 있지만, 영국은 직접 미디어를 만들어보는 것이 훨씬 폭넓고 복합적인 시각을 가질 수 있다고 생각합니다. 그렇다고 교육 목적이 실무 인재를 양성하는 것은 아닙니다. 미디어 활용을 통해 미디어의 이면을 볼 수 있게 하는 것이 영국 미디어 리터러시의 핵심입니다.

직접 써보기!
한 장의 사진을 보고 다양한 관점의 기사를 작성해볼까요?

사진과 글은 상호보완적 관계입니다. 기사 글이 없는 사진으로는 구체적인 정보를 얻기 어렵고, 사진 없는 기사는 아무래도 상황을 직관적으로 이해하기 어렵습니다. 청소년들도 많은 관심을 가졌던 2016년 겨울, 촛불집회 사진을 3장 준비했습니다. 이 사진을 보고 어떤 기사를 쓸 수 있을까요?

*** 기자를 지망하는 학생이나 진로 교육 시간에 한 번 해보세요.
*** 첫 번째 사진은 촛불집회 사실보도부터 '언론의 역할'이나 '애국심'에 대한 이야기를 풀어나갈 수 있겠죠?

첫 번째 사진: 태극기, 언론 그리고 촛불

두 번째 사진: 광장에서 함성 지르는 시민들

세 번째 사진: 촛불 든 소녀와 아빠

(사진=조재형 기자)

내가 직접 써보는 기사! 관점 1
앞의 사진을 토대로 작성해 봅시다.

내가 직접 써보는 기사! 관점 2
앞의 사진을 토대로 작성해 봅시다.

내가 직접 써보는 기사! 관점 3
앞의 사진을 토대로 작성해 봅시다.

기자를 지망하는 학생들에게
추천하고 싶은 책

1. 신문읽기의 혁명 1, 2권 - 손석춘 저

비판적 신문 읽기를 통해 기사와 언론사가 말하는
진정한 메시지를 알아가는 교과서

　　한겨레 논설위원 출신 언론인 손석춘 교수가 집필한 책
입니다. 1997년 출간된 1권의 주제는 "편집을 읽어야 기
사가 보인다"로 요약할 수 있습니다. 이 책의 부제이기도
하죠. 신문에 실리기까지 기사는 어떻게 쓰이고 편집되며,
어떤 제목이 달리고 어디에 배치될까요? 취재기자가 기사
를 쓰면 그대로 신문 지면에 올라갈까요? 1차로 완성된 기사가 편집기자에게 넘겨지면 어

떻게 변할까요? 기사 작성부터 인쇄돼 독자 앞에 놓이기까지 기사가 어떻게 가공되는지 알아볼 수 있습니다. 이 외에 신문과 광고의 상관관계, 학생들이 쉽게 놓치는 '사설'이 어떤 측면에서 중요한지 알려주는 책입니다.

2009년 출간된 2권은 "경제를 읽어야 정치가 보인다"라는 부제를 달고 출간됐습니다. 1권이 출간된 그해 IMF 금융위기가 찾아왔고 그 후 한국사회의 큰 화두가 '경제'였던 걸 생각해보면 부제 선정이 당연해 보입니다. 2권은 독자 스스로가 경제면과 정치면을 연결해 읽기를 부탁합니다. 또 대형 신문이 '공정보도'를 외치면서 어떻게 기사를 왜곡하는지 알려줍니다.

2. 저널리즘의 기본 원칙 - 빌 코바치 저

변화하는 세상을 살아가는 기자들이 명심해야 할 원칙 10가지

뉴스 소비 환경이 급변하고 뉴스 산업 또한 한 치 앞을 내다보기 어려운 상황에서 저널리스트들은 어떻게 대응해야 하는지 묻는 책입니다. 저자인 빌 코바치 전 뉴욕타임스 워싱턴 지국장은 저널리즘의 기본에 충실하라고 말합니다. 독자들에게 정확한 정보를 제공하고 민주주의 발전에 기여하는 게 저자가 말하는 저널리즘의 기본입니다.

SNS가 일반화되면서 대형 신문사나 방송국이 다루지 않았던 작은 이슈가 인터넷에서 뜨거운 반응을 불러일으키고는 합니다. 우리나라도 페이스북이 인기를 끌면서 SNS 기반 미디어가 급증했습니다. 기성 언론들이 인터넷에서 이슈를 발견하기도 하죠. 하지만 그 속에는 항상 불명확한 정보가 섞여 있습니다. 이 책은 저널리스트들이 항상 진실을 생각하고 시민의 입장에서 생각하기를 바랍니다. 기사를 쓸 때 사실 확인을 분명히 하고 취재 대상으로부터 독립하는 등 기자들이 새겨둬야 할 열 가지 원칙을 알려줍니다. 디지털 시대를 살아가는 요즘 청소년들에게 더 진한 의미로 다가올 수 있는 책입니다.

3. 기자, 그 매력적인 이름을 갖다
- 안수찬 저

현직 기자가 알려주는 언론사 입사 준비생을 위한 수험서

한겨레신문사 문화센터에서 '안수찬의 언론 아카데미' 강좌를 진행하는 안수찬 기자가 기자에 대한 생생 정보를 담아냈습니다. 자기소개서 등 서류전형이나 필기시험 노하우 등 경쟁률이 높아 '언론고시'라는 별칭이 붙은 언론사 입사 전형을 16개 장으로 구분해 설명합니다. 논술·작문은 어떻게 연습하고 가장 기본적인 기사인 스트레이트는 어떻게 쓰는지, 인터뷰 준비하는 법, 르포 기사 작성법 등 기자 지망생들이 궁금해하는 부분을 친절히 설명해주는 책입니다.

한편 두 번째 파트 '기자 로그인'에서는 기자의 하루, 술과 회식, 수입, 여성 기자 등 기자가 되고 나서 겪게 될 충돌과 고민을 다룹니다. 안 기자는 "어지간하면 언론사에 들어오지 마라"고 말하는데 이 말의 진정한 의미는 '기자가 되려는 이유'와 '어떤 기자가 되고 싶은지' 성찰해보라는 요구이기도 합니다. <기자, 그 매력적인 이름을 갖다>는 언론사 입사 준비생들의 수험서이자 기자의 삶을 간접 체험할 수 있는 책입니다.

4. 기자의 글쓰기 - 박종인 저

매력적인 글 쓰는 법을 알려주는 친절한 바이블

기자가 갖춰야 할 기본 소양이지만 동시에 가장 어려운 일이기도 한 글쓰기를 알려주는 책입니다. 조선일보 박종인 기자는 지난 2014년부터 조선일보 저널리즘 아카데미에서 강의한 내용과 강의에 담지 못한 노하우를 더해 '글은 어떻게 써야 하는지'에 대한 답을 내놓습니다. '쉽게, 짧게, 그럴 듯하게' 저자가 말하는 세 가지 글쓰기 원칙을 신문에 쓴 기사와 수강생들의 글을 실어 이해할 수 있게 했고, 접속사와 수식어를 남발하는 잘못된 습관 등을 시원하게 해결해줍니다.

　<기자의 글쓰기>는 여러분이 꼭 기자가 되지 않더라도 자신의 글에 힘을 싣고자 한다면 읽어볼 만한 책입니다. 블로그 글을 알차고 깔끔하게 쓰고 싶거나 매력적인 영상 카피를 쓰고 싶은 사람들에게도 유익한 단 한 권이 될 것입니다.

기자를 지망하는 학생들에게
추천하고 싶은 영화/드라마

<스포트라이트>

2015년 작, 국내 2016년 2월 24일 개봉

토마스 맥카시 감독 작품. 마크 러팔로, 레이첼

맥아담스, 마이클 키튼 출연

영화 <스포트라이트>는 하나의 이슈를 끈질기게 취재

하고 진상을 밝히는 기자들을 담고 있습니다. 2015년에

개봉된 이 영화는 매사추세츠 주 한 카톨릭 성당에서 10

여 년 동안 벌어진 아동 성추행 사건을 보도해 퓰리처상

을 수상한 일간지 '보스턴 글로브'의 스포트라이트 팀 기

자들의 실화를 바탕으로 했습니다.

영화에서 보스턴 글로브 새 편집장 마티 배런은 '스포트라이트' 팀에 당시 떠들썩하던 성직자 성스캔들을 취재해보라고 지시합니다. 이전에도 간간히 제보가 있어왔던 사안이지만 묵살됐던 사안. 보스턴은 카톨릭 영향력이 커서 보스턴 글로브에 새 편집장이 부임하면 관례상 추기경과 면담을 할 정도였습니다. 보스턴이라는 한 지역을 지배하는 거대한 시스템(카톨릭)이 있었기 때문에 그동안 아동 성추행은 취재 시작조차 못 했던 것이죠.

기자들은 사건을 파헤치면서 문제의 심각성을 인식하기 시작합니다. 피해자를 만나고, 변호인들을 인터뷰하고, 피해자 단체를 찾아가면서 기자들은 '개인의 일탈'쯤으로 여겨지던 성직자의 아동 성추행이 조직적일 수도 있다는 생각에 도달합니다. 취재과정에서 기자들은 제보를 묵살했던 사람이 바로 '스포트라이트' 팀장인 월터 로빈슨이었다는 사실도 알게 됩니다. 월터는 자신의 잘못을 반성하고 자신도 이 범죄에 간접적으로 가담한 것은 아닌지 되돌아봅니다. 팀장의 반성은 스포트라이트 팀의 조직력을 강화시키는 원동력이 됩니다.

전혀 의심조차 하지 않았던 문제가 광범위한 범죄임을 알아가던 중, 9.11 테러가 발생합니다. 너무나도 큰 이슈에 그동안의 노력이 물거품이 될 뻔했지만 마이클 레젠데스, 샤샤 파이퍼, 맷 캐롤 등 기자들은 포기하지 않고 진실을 밝혀냅니다.

<스포트라이트>를 보며 생각해볼 점?

<스포트라이트>는 '워터게이트 사건'을 다룬 1976년 작 영화 <모두가 대통령의 사람들>과 함께 모범적인 언론은 무엇인지 생각해보게 하는 영화입니다.

❶ 여러분이 상상하는 기자의 모습은 무엇인가요?

세상에는 다양한 기자들이 존재합니다. 기자는 사건의 전달자, 해석자일 수도 있고, 기록으로 남기는 사람, 생활 속 생생한 정보를 알려주는 정보제공자일 수도 있습니다. 영화전문기자나 의학전문기자처럼 어떤 분야의 전문가라고 여겨지기도 합니다. 여러분은 어떤 기자가 되고 싶은가요?

❷ 기자와 시사PD의 차이점 알기

2012년 1월, '뉴스타파'의 탄생은 기성 언론이 채워주지 못하던 '탐사보도'의 중요성을 일깨우는 계기였습니다. 여러 언론이 탐사보도를 진행하고 있지만 우리나라에서 탐사보도란 대개 SBS '그것이 알고 싶다', MBC 'PD수첩', KBS '추적60분' 등 PD들의 영역이었습니다. 탐사보도는 취재에 걸린 시간만큼이나 많은 정보를 담고 있습니다. 독자가 보게 되는 콘텐츠의 분량이 상대적으로 길 수밖에 없어요. 짧은 공간에 기사를 담아야 하는 일간지보다 주간지, 월간지가 유리하고 정규 뉴스 프로그램보다 시사교양 프로그램이 걸맞은 플랫폼이죠.

방송만 놓고 봤을 때 취재기자는 전통적으로 1꼭지당 2분 정도의 짧은 뉴스를 보도하는 역할을 맡습니다. 반면 시사 프로그램 PD는 60분 전후의 긴 호흡을 갖고 프로그램을 만들어가는 사람입니다.

하지만 최근에는 한국도 기자와 PD의 경계가 무너지고 있습니다. jtbc '이규연의 스포트라이트'는 중앙일보 탐사보도 전문 이규연 기자가 앵커를 맡아 진행하고 있는데요. 앵커 시스템을 둔 탐사보도 프로그램으로는 첫 사례입니다. 손석희 앵커가 지휘하는 jtbc '뉴스룸'도 '팩트체크' 등 알찬 기획을 통해 단편적인 뉴스보도에서 벗어나고 있습니다.

<뱅뱅클럽>

2010년 작, 국내 2012년 2월 2일 개봉

스티븐 실버 감독 작품. 테일러 키취, 말린 애커맨, 라이언 필립 등 출연

1994년 퓰리처상을 수상한 프리랜서 사진가 케빈 카터의 이야기를 담은 영화입니다. 혹시 이 장면 기억하시나요? 갈비뼈가 드러난 채 바닥에 힘없이 쭈그리고 있는 한 흑인 아이 뒤쪽으로 독수리가 쳐다보고 있는 사진. 케빈 카터가 촬영한 '수단의 기아'라는 사진입니다. 아이를 구하지 않고 셔터를 누르는 게 정당한 행위인지, 기자로서 의무를 다하는 것이 먼저인지 논란이 됐죠? <뱅뱅클럽>은 이 실화를 각색한 영화입니다. 기자가 당면한 다양한 상황 속에서 어떤 가치를 우선시 해야하는지, 나아가 '저널리즘의 근본 가치'는 무엇인

지 생각해보게 하는 작품입니다.

<뱅뱅클럽>은 남아프리카공화국의 극단적 인종차별정책인 '아파르트헤이트'를 취재하는 4명의 사진기자들에게서 시작됩니다. 케빈 카터, 켄 오스트브룩, 주앙 실바, 그렉 마리노비치는 절친한 동료이자 때로는 경쟁상대로 남아공의 유혈 사태를 취재합니다. 하지만 인종차별이 학살로까지 번지는 현장 속에서 네 기자는 피해자들에 대한 고민이나 연민을 느끼지 못합니다. 오로지 자신들이 찍는 사진에 대한 이야기. 그것도 노출, 구도 등에 대한 기술적인 이야기만 나눕니다.

아무리 열정적인 사진기자도 24시간 카메라를 들고 있을 수는 없겠죠. 카메라를 내려놓은 '개인'으로서 넷은 사건을 전달해야 하는 기자의 역할, 책임감과 사건을 보고만 있어야 하는 죄책감 사이에서 혼란을 느낍니다. 그러다 그렉 마리노비치는 퓰리처상을 수상하지만 그는 마냥 기뻐하지 않습니다. 케빈 카터는 악몽에 시달리다 마약에 손대고, 켄과 주앙도 방황을 겪습니다.

그리고 문제의 사진 '수단의 기아(Waiting game for Sudanese child)'가 등장합니다. 케빈 카터의 이 한 장은 전 세계적 반향을 일으킵니다. 퓰리처상까지 수상하죠. '수단의 기아'는 아프리카의 내전, 빈곤, 기아 문제를 상징하는 이미지가 됩니다. 하지만 카터는 아이를 위험에 그대로 방치했다는 비난을 받게 되고 자살을 선택합니다.

보도사진은 '사실'을 담지만 '진실'을 그대로 가져오지는 못합니다. 작품 속 사진기자들의 고뇌는 기자를 희망하는 여러분들에게 어떻게 다가올까요?

<뱅뱅클럽>을 보며 생각해볼 점?

'수단의 기아'에서 생겨난 '위험에 빠진 존재를 기록하는 것이 먼저인가. 구하는 것이 먼저인가'라는 질문은 현시점에서 해묵은 논쟁일 수도 있습니다. 사진 속 아이는 방치하면 죽음에 이를 수도 있는 상황이었죠? 여러분은 어떻게 행동할 건가요?

❶ '기록'을 앞세운 취재가 피해를 발생시킬 여지는 없는가?

'세월호 사건'은 우리나라 보도 지침이 변화하는 데 큰 영향을 줬습니다. 왜곡보도도 문제였지만 '기록'을 위한답시고 카메라부터 들이밀고 보는 '찍고 보자'식 취재도 문제였습니다. 꼭 죽음과 연관되지 않더라도 사진, 영상, 글로 취재원의 말을 옮길 때는 세심한 주의가 필요합니다. '자신의 취재가 취재원에게 피해로 돌아가지 않을까?' 하는 질문은 많은 기자들이 가진 고민입니다.

❷ 한 장의 보도사진이나 뉴스 영상을 과대 해석하고 있지는 않은가?

대중들이 뉴스의 맥락을 짚는 것은 중요합니다. 하지만 사진은 단 한 컷으로 표현되기 때문에 메시지가 확실한 대신 전후 관계를 담지 못합니다. 방대한 촬영본을 2분여로 편집해 만드는 뉴스 영상도 한 사건에 대한 모든 정보를 담지는 못합니다. 뉴스에서 말하고 있는 메시지와 그것을 통해 짐작하는 추리 혹은 상상을 명확하게 구분할 필요가 있습니다. '수단의 기아'를 찍은 케빈 카터는 촬영 후 독수리를 쫓아내 아이를 구했지만 비난이 수그러들지 않자 자살을 선택합니다. 이 부분은 '악플의 폭력성'과 연결해 생각해봅시다.

<뉴스룸 시즌 1>
미국HBO 방송/제프 다니엘스 주연

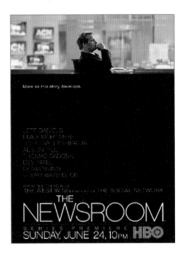

"어느 쪽도 괴롭히지 않아서 인기가 많다"
- <뉴스룸> 시즌1에서 주인공 윌이 받는 평가 중

언론의 역할은 무엇이며 어떤 기자가 좋은 기자인지, 좋은 뉴스는 무엇인지 등 많은 화두를 던지는 드라마입니다. <뉴스룸>의 주인공 윌 맥어보이는 인기를 좇는 유명 케이블 방송 '뉴스나이트' 앵커입니다. 윌은 방송 뿐 아니라 일상에서도 정치관, 당파 성향 언급을 자제하는데 언론인으로서 중립을 유지하는 것으로 보이지만 실상은 시청률의 노예이자 위험을 감수하는데 부담을 가진 사람입니다. 또 월은 검사 출신으로 9살에 대학 졸업, 21살에 로스쿨을 나온 엘리트이기도 합니다.

<뉴스룸>의 배경은 아틀란티스 케이블 뉴스 방송(ACN) 보도국입니다. ACN의 새 보도 총괄 프로듀서로 전 여자 친구였던 맥킨지 맥헤일이 부임합니다. 종군기자를 경험한 총괄 PD 맥킨지는 부총괄 짐 하퍼와 함께 '뉴스나이트'를 사회 고발형 방송인 '뉴스나이트 2.0'으로 변화시키려 합니다.

맥킨지의 지휘에 따라 '뉴스나이트 2.0'은 뉴스 본연의 역할과 언론인의 공정성을 갖춘 프로그램으로 점차 바뀌어갑니다. 이 과정에서 메인 앵커인 월도 자신의 주관을 말하기 시작합니다. <뉴스룸>은 주인공 월 맥어보이의 변화와 월과 호흡 맞추는 동료들의 가치관을 살펴보는 재미가 있습니다.

미드 <뉴스룸>을 보며 생각해볼 점?

<뉴스룸>은 '기자는 무조건 중립을 지켜야 한다'는 입장에 물음표를 던집니다.

❶ '기계적 중립'에 대해 생각해봅시다.

기자가 지켜야 할 가치 중 하나로 '중립성'이 꼽힙니다. 기자에게 중립이란 정치·경제적 가치중립부터 과장하지 않고, 편향되지 않게 말과 글을 구사해야한다는 기술적 영역까지 포함되는데요. 강자를 견제하고 약자를 대변해야 한다는 저널리즘의 또 다른 가치와 충돌하는 부분도 있습니다.

'기계적 중립'은 기사를 쓰거나 편집할 때 대립되는 양측의 입장을 모두 기술하고 사실 전달에만 치중하는 보도 행태인데요. 객관성이나 공정성과 다른 개념입니다. 균형을 맞추는 것 같지만 의혹이나 비판을 축소하고 양시양비론으로 흘러갈 수 있습니다. <뉴스룸>의 주인공 월 맥어보이는 정치적 이슈를 질문받으면 회피하거나 남의 말을 가져다 말하는데요. 작품 1회에 나오는 월과 주관을 말하는 작품 후반부의 월을 대조해보고 기계적 중립이란 어떤 것이고 문제점은 무엇인지 생각해봅시다.

❷ 기자들이 가져야 하는 관점은 무엇이 있을까?

기자는 사실을 전달하기도 하지만 어떤 사안을 해석하고 전망하는 역할을 수행합니다. 그래서 기자 개개인은 하나의 사건을 어떻게 바라볼 것인지 고민해야 합니다. 가령 '입시 정책' 방향이 바뀌었을 때 교육부의 의도를 밝혀내는 기자가 있을 것이고, 수험생들의 득실을 따지는 기자가 있을 거예요. 어떤 기자는 바뀐 입시 정책 때문에 새롭게 생겨난 사교육을 취재할 수도 있고, 정책 자체의 문제점에 집중할 수도 있습니다. 각자 기자가 된다면 어떤 관점으로 세상을 바라보고 싶으신가요?

앞에 소개된 책과 영화중 하나를 읽거나 보고
나는 어떤 기자가 되고 싶은지 적어봅시다.

기자 지망생들에게 도움 되는 경험

❶ 학보사, 교내 방송국

　교내 신문사와 방송국은 빠르면 초등학생 때부터 해볼 수 있는 관련 경험입니다. 대학교 학생신문과 방송국은 바쁘지만 실무와 유사한 경험을 할 수 있는 채널입니다. 학생신문은 교내 뉴스나 대학 사회와 관련된 이슈를 취재, 기사화합니다. 교내 방송국은 스튜디오 중심으로 라디오 방송에 가까운 편이지만 운영하는 방향에 따라 학내 뉴스를 만들기도 합니다. 학보사와 교내 방송 외에 영자신문, 학내잡지에 가입해 활동할 수 있습니다. 작게 보면 동아리 수준의 경험일 수 있지만 같은 학교에서 유사한 꿈을 가진 친구들을 만날 수 있는 장이기도 합니다.

❷ 대학생 기자 등 대외활동

인터넷을 둘러보면 대학생 기자, 학생리포터 등 대외활동 정보를 쉽게 얻을 수 있습니다. 간혹 고등학생을 대상으로 선발하기도 하지만 대부분 대학생을 대상으로 하는 활동입니다. 잡지사나 기업, 연구원 등이 선발하고 관련 기사를 취재합니다. 신문사와 방송사에서 선발하는 대학생 기자 활동은 가장 실무와 가까운 경험을 체득할 수 있는 기회고 일부는 인턴 채용으로 연결되거나 입사 지원 시 가산점을 주기도 합니다.

❸ 신문·방송아카데미

일반적으로 대학교 3학년 이상 고학년들이 지원하며 본격적으로 언론사 입사 준비를 하는 아카데미입니다. 논술·작문 등 글쓰기 수업과 시사 상식 스터디, 방송 리포팅, 카메라테스트 대비, 뉴스 영상 제작 실습 등 다양한 강의를 들을 수 있습니다. 짧게는 1~2개월부터 한 학기를 투자하는 수업도 있습니다. 다만 학기제로 등록하는 수업은 대학교 한 학기 등록금에 준하는 비용이 들기도 합니다.

생생 인터뷰 후기

'꿈'

"이토록 짧고도 명확하며 찬란한 단어가 또 있을까? 꿈을 찾는 일은 내 대학생활의 전부기도 했다. 하지만 꿈은, 때로 현실과 만나면서 명확했던 빛이 사그라지곤 한다."

대학을 다니면서 기자라는 직업을 갖기까지 '정보'를 얻는 게 가장 힘들었습니다. 학과 2기생이라 졸업한 선배도 없었고 현직 선배들과 만날 기회는 더더욱 없었기 때문이죠. 지금은 다양한 채널로 정보를 얻을 수 있지만 같은 고민을 하고 있는 학생들도 많으리라 생각합니다.

언론계에 몸담고 있는 동안 기자들의 좋은 이야기를 세상에 내놓고 싶은 욕심이 있었습니다. 욕심만 갖고 있던 찰나, 좋은 기회가 찾아왔고 〈어떻게 되었을까?-기자 편〉 집필을 덜컥 맡게 됐습니다. 대외적으로 유명하고 존경받는 분들과 전문 영역을 갖추고 현장에서 맹활약하고 있는 분들을 만나며 학생들에게 도움 될 이야기를 많이 담을 수 있었습니다. 사실은 제게도 큰 도움이 됐습니다.

인터뷰를 하며 기자라는 영역은 참 넓다는 생각을 했습니다. 다양한 분야의 이야기를 듣고자 취재기자 여섯 분을 섭외했지만 못 다룬 영역이 더 많습니다. 사진기자, 영상기자, 편집기자를 다루지 못했고, 미디어 변화에 발맞춰 나가는 기자들의 고군분투기도 담지 못했습니다. 아쉽지만 언젠가 그들의 이야기도 전할 수 있는 기회가 왔으면 좋겠습니다.

바쁜 와중에도 이번 책이 출간되기까지 많은 도움을 주신 CBS 변상욱 콘텐츠본부장, JTBC 고석승 기자, 아시아경제 양낙규 군사전문기자, 이데일리 이석무 스포츠기자, 월간 객석 김선영 기자, 미디어오늘 금준경 기자께 다시 한번 감사하다는 말씀을 전합니다.

저자 조재형